Julius Wegeler

Richard von Greiffenclau zu Vollraths, Erzbischof und Kurfürst von Trier 1511-1531

Ein Beitrag zur Spezialgeschichte der Reinlande

Julius Wegeler

Richard von Greiffenclau zu Vollraths, Erzbischof und Kurfürst von Trier 1511-1531
Ein Beitrag zur Spezialgeschichte der Reinlande

ISBN/EAN: 9783743661288

Hergestellt in Europa, USA, Kanada, Australien, Japan

Cover: Foto ©ninafisch / pixelio.de

Weitere Bücher finden Sie auf **www.hansebooks.com**

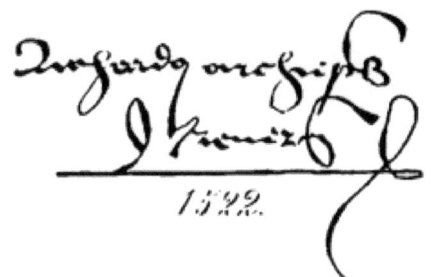

1522.

Greiffenclau v. Vollraths

1526.

Richard von Greiffenclau

zu Vollraths,

Erzbischof und Kurfürst von Trier.

1511—1531.

Ein Beitrag zur Specialgeschichte der Rheinlande

von

Dr. Julius Wegeler,

Geheimer Medicinal-Rath ꝛc.,
Ritter des rothen Adler-Ordens III. Klasse mit der Schleife
und des Kronen-Ordens III. Klasse ꝛc.

Mit einer Tafel.

Trier.

Commissions-Verlag der Fr. Linz'schen Buchhandlung.

1881.

Vorrede.

Richard von Greiffenclau war unbedenklich einer der bedeutendsten Männer seiner Zeit. Diese Zeit war eine recht bewegte und nahm oft seine ganze Kraft in Anspruch. Begannen doch unter ihm die großen religiösen Bewegungen, die eine Reformation der Kirche bezweckten. Und er war kein bloßer Zuschauer, sondern ein thätiger Theilnehmer, dessen Hauptbestreben war, Einigkeit zu begründen, zu erhalten, zu befestigen. Als ihm dies nicht gelang, suchte er sie wenigstens in seinem Landes-Gebiete zu behaupten und er hatte die Freude, dieses sein Streben nicht getrübt zu sehen.

Richard war der letzte Erzbischof, welcher mit dem Schwert an der Seite sich an kriegerischen Actionen betheiligte und es bei diesen selbst nicht ohne Ruhm zog. Wie kriegskundig er war, zeigte er namentlich in der Sickingen'schen Fehde, einer kleinen Episode in der Weltgeschichte, wie sie schöner nicht gefunden werden kann. Es gehört eine jugendlichere Phantasie dazu, als die meine, sich auszumalen, was aus unserm Lande geworden, wenn der Sieg der gegnerischen Seite zugefallen!

Das Stück Bauernkrieg sticht von jenem Kampfe traurig ab. Noch trauriger wäre es gewesen, wenn der gute Namen Richard's dadurch einen Stoß erhalten oder gar Schiffbruch erlitten!

Daß mein verehrter Freund, Herr Dompropst Dr. Holzer mir hülfreich zur Seite gestanden, und Herr Staatsarchivar Dr. Becker mir freundlichst entgegengekommen, führe ich gern dankend an. Daß mir öfters das Glück günstig, wird ein aufmerksamer Leser wohl finden. So z. B. daß mir die Aufsätze von Latomus zu Gebote standen.

Bartholomeus Latomus, letzteres der latinisirte Name für „Steinmetz", war um das J. 1485 zu Arlon geboren. Er kam im J. 1522 als Professor an die Universität zu Trier, wo er die Sickingen'sche Fehde in lateinischen Versen beschrieb. Diese Arbeit ward gedruckt unter dem Titel: „Factio memorabilis Francisci de Sickingen cum Trevirorum obsidione etc. Apud sanctam Ubiorum Agrippinam in aedibus Eucharii Cervicorni 1523, und nochmals in „Schardii" Rerum Germanicarum scriptores" T. II. p. 121.

Nach dem Tode des Kurfürsten, der ihm besonders freundlich zugethan war, schrieb er eine Declamatio funebris auf dessen Tod, die sowohl die Gesta Trevirorum, als Brower in größeren Auszügen öfters benutzt haben. Ausgezeichnet ist noch ein Carmen gratulatorium in coronationem Regis Romanorum, Colon. 1531. Von Trier begab sich Latomus nach Paris, an dessen Hochschule er bis zum J. 1540 lehrte. Hier befreundete er sich unter Andern mit Erasmus von Rotterdam, kehrte aber später nach Trier zurück, da ihn der Kurfürst Johann von Hagen zum kurfürstlichen Rath ernannt hatte. Er leistete diesem Herrn bald die wichtigsten Dienste. Johann schenkte ihm dieserhalb unterm 18. April 1542 lebenslänglich freie Wohnung in dem kurfürstlichen Hofe an der St. Florins-Kirche in Coblenz, dem jetzigen Pfarrhause U. L. F. Im J. 1544 übergab er ihm und seiner Frau Anna, geb. Ziegel, den ganzen Hof auf Lebenszeit. Jacob von Eltz ernannte ihn zu seinem Kanzler, und als solcher starb er in Coblenz am 3. Januar 1570.

Hubert Thomas Leodius beschrieb ebenfalls den Sidingen'schen Krieg. Von dem kleinen Werke De Francisci a Sickingen eq. rebus gestis etc. historia ipso tempore exarata ab H. T. Leodio, illustr. Princ. Ludovici Palatini Electoris Consiliario et Secretario, (Freher, Germanicarum rerum scriptores varii etc. Francof. 1637. T. III. p. 252) ist eine Uebersetzung (Straßburg 1626. 4) in meinem Besitz. Die Trierische Belagerung wird hier in wenigen Zeilen abgemacht: „Franz führt sein siegreiches Heer mit großer Beute beladen, aus dem glorreichen Feldzug zurück!" Dies genügt wohl zur Charakteristik! und trotzdem führt Strauß in seinem Ulrich v. Hutten dasselbe als Quellenwerk an!

Somit empfehle ich die vorliegende Zusammenstellung, die vaterländische Geschichte überhaupt und mich selbst dem gütigen Wohlwollen des geneigten Lesers.

Coblenz, im Februar 1881.

Dr. Jul. Wegeler.

1. Die Familie von Greiffenclau zu Vollraths.

Ein altes Ministerial-Geschlecht de Winkela, von Winkel, hatte in dem gleichnamigen Orte des Rheingaues seinen Sitz. Volradus de Vinkel, miles, erbaute sich um das J. 1218 unfern des Ortes eine Burg, die einfach nach ihm Volrads-Burg, „Vollraths" genannt wurde. Embricho und Henricus de Vinkela führten zuerst den Beinamen von Greifenclau in den Jahren 1196—1227, und so entstanden die „Greiffenclaue von Vollraths". Unter diesen war Friedrich einer der ausgezeichnetsten Staatsmänner seiner Zeit, der von dem Mainzer Erzbischofe Gerlach v. Nassau (1346—1371) in den wichtigsten Angelegenheiten gebraucht wurde. Georg Friedrich von Greiffenclau war Erzbischof von Mainz 1626—1629. Früher jedoch war die Familie einmal dem Erlöschen nahe, als des Erzbischofs Richard Bruder ohne männliche Erben gestorben war und ein anderer Bruder Friedrich sich in ein Barfüßer-Kloster gethan hatte. Er wurde aus dem Kloster erfordert und mußte heirathen. Nunmehr erloschen die Greiffenclau's erst mit dem Trierischen Domicellar Aloys Otto Philipp im Jahre 1860. Durch Heirath der Erbtochter Sophia, der 1825 geborenen Tochter des k. k. Cämmerers Carl († 1825) aus seiner zweiten Ehe mit Elisabeth Gräfin von Nostiz, ist der Graf Hugo von Matuschka Besitzer von Vollraths geworden, und der nunmehrige deutsche Kaiser hat ihm das Recht, Namen und Wappen der Greiffenclau zu führen, unterm 27. September 1862 gewährt.

Das Wappen deren von Greiffenclau ist ein, in einem blau und silber getheilten Schilde befindlicher goldener Lilienhaspel. Als Friedrich v. Greiffenclau durch seine Heirath mit der Erbtochter Irmgard v. Ippelbrunn die gleichnamige, unweit Saarbrücken gelegene Herrschaft erheirathet hatte, fügte er deren Wappen, 2 silberne Querbalken in schwarzem Felde, dem Lilienkreuze hinzu. Auf dem Helme befindet sich eine Geiersklaue mit Federn.

1

Vollraths ist die einzige Burg des Rheingaues, die sich erhalten hat. Der zum Schutz und zur Vertheidigung dienende
4eckige Thurm, der Bergfried, mit angelehntem 8eckigen Treppen-
thurme 1471 erbaut, aber 1571—80 umgebaut, ragt noch, wie zur
Zeit der Erbauung aus der Mitte eines ummauerten Weihers hervor. Den Zugang zum Thurm vermittelt eine Zugbrücke, die durch
einen kleinen Vorhof mit Schießlöchern in der Mauer gedeckt wird.
Er war um so mehr erforderlich, als die Burg in einer Ebene lag,
die überall freie Annäherung, freien Zutritt gestattete, während
gewöhnlich nur die Bergeshöhen schwer überwindliche Hindernisse
boten. Hier that der Thurm seine Schuldigkeit, während die ebenfalls in der Ebene gelegene Burg Langenau an der Lahn nur
Ruinen bietet. Ueberhaupt ist in Vollraths bis in die neueste Zeit
alles so geblieben, wie es Goethe im 43. Bande seiner „Werke,"
Stuttgart. 1833, geschildert hat.

Aus der Ehe von Friedrich's Enkel Johann († 1480) mit
Clara von Rathsamhausen († 1490) entsprossen 4 Söhne und 5
Töchter. Von letztern wurden 4 Klosterfrauen: Jsengard († 1469)
und Adelheid († 1524) in Marienburg bei Boppard, Gertrud zu
Gottesthal und Margaretha zu Tiefenthal; nur eine Tochter,
Christine, heirathete 1502 Johann von Nassau auf Spurkenburg,
den Hofmeister des Kurfürsten Richard. Die Ehe war von kurzer
Dauer, da Johann von Nassau im J. 1509 sich die zweite Frau,
Barbara v. Hasselbach, beilegte.

Von den Söhnen starb Eberhard, der bereits Domherr zu
Mainz und zu Trier war, im J. 1493 auf einer Fahrt nach Je-
rusalem; Johann, der Vicedom im Rheingau, hinterließ nur Töchter und Friedrich nur einen Sohn Richard, als er im J. 1529
starb. Der vierte Sohn endlich war Richard, dessen Geburtstag zu
ermitteln, uns nicht gelungen ist*). Sein Geburtsjahr war 1467
und seine Abstammung folgende:

Greiffenclau, Rathsamhausen, Langenau, Haes von Dieblich,
Jppelbrunn und Rathsamhausen am Stein. —

--- --- ---

*) Wahrscheinlich war es der 7. Februar; denn es war in der alten Kirche
gebräuchlich, den Namen des Heiligen zu wählen, auf dessen Festtag die Geburt
fiel, — der dies cadens — und dies ist um so mehr anzunehmen, wenn der
Name sonst in der Familie nicht gebräuchlich war.

Reinhard Graf von Leiningen und Wilhelm von Runkel bekundeten die Abstammung. Seine Stammtafel war folgende:

Friedrich von Greiffenclau.	Irmgard von Zppelborn.	Wyrich von Langenau.	Christina von Meckenheim.	Egenolf von Rathsamhausen.	Anna von Rathsamhausen vom Stein.	Heinrich Haes von Dievelich.	Margar. von Falkenborgh.
Friedrich.		Adelheid von Langenau.		Heinrich von Rathsamhausen.		Maria Haes von Dievelich.	
Johann.				Clara von Rathsamhausen.			

Richard Greiffenclau von Vollraths.

Das Trierische Domkapitel zählte folgende aus der Familie von Greiffenclau zu seinen Mitgliedern:

Johannes: 1427. Archidiaconus Stae Agathae in Longuion † 1463.

Henricus: 1422. 1449.

Richardus — unser Erzbischof von 14/5. 1511 bis 13/3. 1531.

Eberhardus: 1482. † 1493.

Georg Friedrich: 1486. Bischof von Worms (15/9. 1616 bis 6/7. 1629) und Erzbischof von Mainz (21/10. 1626 — 6/7. 1629).

Johannes: 1595. Capitular 1623. Archidiaconus Stae Agathae 1626. † 1646.

Christoph Heinrich: 2. Novbr. 1686, resignirte 30/4. 1726.

Johann Philipp: 5. Decbr. 1692. Bischof von Würzburg (9/2. 1699 — 3/8. 1716).

1*

Johann Philipp: 1726. Archidiaconus Sti Castoris in
Carden 1750. † 8. Decbr. 1773.

Otto Philipp Carl Anton: geb. 28. April 1777; als
Domicellar aufgeschworen 1787; † als ultimus
stemmatis 14. März 1860.

Ein Bruder dieses letzten der Familie Greiffenclau, mit Namen
Otto, war als Domicellar beim Ausbruch der französischen Revo=
lution in österreichische Dienste getreten.

Richard war schon früh für den geistlichen Stand bestimmt.
Als am 10. October 1478 der Erzbischof Rubbrecht von Straßburg
gestorben, ward die dadurch erledigte Stelle im Domkapitel zu
Trier auf Vorschlag von Eberhard von Hohenfels dem zeitigen
Archidiacon Tit. Sti Mauritii zu Tholey, dem Richard, am 29. De=
cember 1478 übertragen. Somit nahm ihn das Kapitel unter die
Zahl seiner Mitglieder auf.

Unterm 10. März 1488 suchte Richard durch den Dechanten
Eberhard von Hohenfels, den Bikar Tylen de Segen und den Prä=
bendar von der Kirche zu U. L. F. in Trier, Franz Stetzgis, die
Erlaubniß nach, seine Studien fortsetzen zu dürfen. Das Kapitel
bewilligte sein Gesuch am Tage nach quasimodo geniti (14. April)
1488 unter der Bedingung, daß er an eine Universität extra cu-
riam romanam*) sich begebe und dort allein 2 bis 3 Jahre und
nicht länger verweile. Richard scheint seine Zeit gut benutzt zu
haben; denn unterm 23. Juli 1492 sendet ihn das Domkapitel als
seinen Sachwalter nach Rom in dem Streite mit dem Kapitular
Otto v. Breidbach, beider Rechte Doctor, und rechnet ihm seine Ab=
wesenheit als Residenz an, die er übrigens in crastino nativitatis
B. M. V. 1488 begonnen und in die Perpetuae et Felicitatis
(7. März) vollendete. In seiner Begleitung waren der Domicellar
Wilhelmus de Emmel und Dnus Nicolaus, scriptor ad S. Maxi-
minum. Von Rom aus, und zwar ex domo estuali albane beate
Marie ad Martyres extra muros (romanos), willigte er unterm 22.

---

*) Wenn ein Domicellar während seiner Studien innerhalb des päpstlichen
Gebietes verstarb, fiel seine Präbende zur anderweiten Vergebung dem Papste
anheim, wodurch das Domkapitel in seinem Rechte und in der Präclusion nicht
Adlicher, wozu öfters der Papst griff, sich beeinträchtigt sah. Daher dies Verbot.
Er wird wohl, wie dies z. Z. gebräuchlich, in Paris studirt haben.

August 1493 in die Vertheilung der Pensionen des 1492 verstorbenen Propstes Philipp von Sirk. Das Kapitel übergiebt ihm 1491 das Haus ad tres clypeos, dagegen unterm 9. Septbr. 1493 die Wohnung des verstorbenen Propstes, und zwar die curia Bruderhof und das daran stoßende Haus Korrich, mit der Verpflichtung, beide in gutem Zustande zu erhalten.

2. Richard's Wahl zum Erzbischof.

Nachdem der Kurfürst Jacob von Baden am 27. April 1511 in Köln gestorben, ward von dem Domkapitel eine Deputation gewählt, um die Leiche desselben von dort nach Coblenz zu geleiten. An der Spitze derselben stand Richard. Dieselbe brachte denn auch die Leiche zu Schiffe nach dieser Stadt, wo sie in der Kirche zu St. Florin feierlichst beigesetzt wurde. Am 15. Mai 1511 ward dann zur Wahl eines Nachfolgers geschritten. An derselben betheiligten sich der Propst Eberhard v. Hohenfels, der Dechant Philipp v. Krichingen, die Archidiacone Georg v. d. Leyen zu Trier, Johann von Mudersbach zu Dietkirchen, Friedrich Pfalzgraf bei Rhein zu Carden, Dietrich von Rollingen zu Longuion, Otto von Breidbach zu Tholey, Arnold Graf zu Salm, Richard Greiffenclau v. Vollraths, der Sänger, Georg v. Krichingen, Christoph von Rheineck, Joh. v. Orley, Jacob v. Eltz und Ulrich Graf von Manderscheid, — alle Kapitulare. Die Versammelten wählten einstimmig den Richard v. Greiffenclau, namentlich auch auf die Empfehlung des sterbenden Kurfürsten hin, der Niemanden als geschickter für diese Stelle zu bezeichnen wußte. Um diese Einstimmigkeit zu erreichen, hatte sich vorab eine Deputation zu dem Propst Eberhard begeben, da derselbe zu schwach war, die Stube verlassen zu können, um dessen Stimme entgegenzunehmen. Dieser gab dieselbe für Richard ab, und in aller Eintracht fielen auch sämmtliche andere Stimmen auf denselben. Nach einigem Bedenken nahm Richard die Wahl an. Die Herren sprachen ihm dafür ihren Dank aus und führten ihn von dem Kapitelhaus auf den Lettner im Chor, sangen hier

Epistel und Evangelia und stellten ihn dem Volke vor. Dann gingen sie mit brennenden Kerzen in den Händen zu dem hohen Altar und setzten den Erwählten, der eine Chorkappe trug, auf denselben zum Zeichen, daß er Erzbischof und rechter regierender Herr des Erzstifts und Kurfürstenthums Trier sei! Da wurde mit allen Glocken der Stadt Trier geläutet und überall Te Deum laudamus angestimmt.

Das Kapitel erließ darauf ein Schreiben an sämmtliche höhere Beamte des Erzstifts, worin es die Wahl bekannt machte und dem neuen Herren zu huldigen und zu gehorsamen befahl.

Für Richard war es nun die Hauptsache, die Bestätigung seiner Wahl von Rom aus zu erlangen. Er entsandte deshalb dorthin den Domherrn Otto von Breidbach, den Dr. Joh. v. d. Ecken und den Fiskal Henrich Pergener. Diese gelangten indeß nur bis Insbruck: der Kriegsunruhen wegen mußten sie von dort zurückkehren. Als etwas mehr Ruhe eingetreten, sendete der Erzbischof den Kapitular Jacob von Eltz nach Rom mit einer notariellen Vollmacht vom 7. October 1511, und dieser brachte auf den 19. Tag des Monats April 1512 von der päpstlichen Heiligkeit Julius II. die bullas confirmationis, pallii, juramenti, consecrationis 2c. nach Trier zurück. Zwar sollte er sich das Pallium selbst in Rom holen, er wußte die Reise dahin aber zu verzögern, und als ihm der Papst Leo X. am letzten Tage des Monats Januar 1515 die Reise auf zwei weitere Jahre zu verschieben gestattete, unterblieb sie späterhin gänzlich.

Auf Pfingsten, den 30. Mai 1512 fand nunmehr die Consecration des Erwählten und Bestätigten in der hohen Domkirche zu Trier statt, und zwar durch den Erzbischof Uriel von Mainz. der ihm schon früher ein freundliches Gratulations-Schreiben hatte zukommen lassen, unter Assistenz der Bischöfe Wilhelm von Straßburg und Reinhard II. von Worms und in Gegenwart des Erzbischofs Philipp von Köln, des Bischofs Georg III. von Bamberg, des Herzogs Friedrich von Bayern, des Pfalzgrafen Ludwig und vieler Prälaten, Grafen und Herren, die alle, mit Ausnahme des Erzbischofs von Köln, bei dem neuen Erzbischof im Palaste das solenne Mittags-Essen einnahmen.

Danach auf St. Ulrich's Tag, den 4. Juli, hat Erzbischof Richard seine erste Messe gesungen — und haben auf dem hohen

Altar, an welchem die Messe celebrirt wurde, alle Heiligthümer der Domkirche, sammt dem neuen erfonden Heiltumb, nemlichen Unseres Seligmachers Jhesu Christi ungeneeter Rocke, der Lichnam Materni, das Haubt Cornelii pape gestanden. Aus dem Kapitel-hause ging der Zug nach dem Dom, zuerst die Ministranten, junge Domherren mit Lichtern und dem Rauchfaß, der Subbiacon Georg v. Kriechingen, der Diacon Dieter von Rollingen, die Aebte von St. Martin, St. Maria, St. Mathis, von Echternach, St. Maximin und Luxemburg. Es folgten Erzbischofs Richard Thorhüter Friedrich v. Eltz, Archidiacon Joh. v. Mudersbach zu Dietkirchen, capellanus Domini, mit dem Kreuze, Gerlach Graf auf dem Einrich, Herr zu Jsenburg und Grenzau, Erbhofmeister, mit dem Schwerte. Es folgte Richard mit sämmtlichen Domherren. Asperges me Domine 2c. ward gesungen und demnächst die Messe mit Orgel und Gesang löblich vollbracht.

Nach der Messe ist man in den Palast gezogen, und hat da an der ersten Tafel gesessen der Erzbischof, Hr. Caspar von Mors-berg, früher Landvogt im Elsaß, der Weihbischof, der Dompropst von Rippoltskirchen, ein Graf Hohenstein, des Bischofs von Straß-burg Bruder.

An den folgenden Tischen saßen die Prälaten, der Bürger-meister, Scheffen und Rath von Trier, und es folgten noch viele Tische mit hohen Herren und vornehmer Geistlichkeit.

Hinter dem Saale war für die Frauen gedeckt, und es saßen daselbst die deren v. Jsenburg, Geroltseck, v. Bourtscheid, v. Wal-deck 2c. und die des Raths, der Scheffen und des Consistoriums. Vorschneider war David Ryle, Schenk Eberhard Herr zu Pyrmont.

So war denn Richard auf dem erzbischöflichen Stuhle zu Trier (wohl der 101.) und füllte diesen mit Ehren aus. Denn er war bonus pacis et belli minister und einer der besten und tüchtigsten Fürsten des Trierischen Landes. Kenntnißreich und verständig, erwarb er sich einen guten Klang in der Geschichte. Dabei war er ein tüchtiger Kriegsmann, seine Neigung zu kriegerischer Thätig-keit vielleicht etwas zu groß. Aber auch diese wußte er zu be-wältigen, als ihn gleich beim Antritt seiner Regierung der Abt von Prüm, Robert Graf von Virnenburg, feindlich überfiel. Denn es gelang ihm, mit vieler Klugheit und Mäßigung den durch frühere Ereignisse zornig aufgeregten Abt zu beruhigen und den Frieden

ungetrübt zu erhalten. Was die eigentliche Ursache des Zornes
war, den Robert gegen Trier hegte, ob Grenzstreitigkeiten, wie
wohl angedeutet wird, oder Persönlichkeiten, worauf andere hin-
weisen, darüber Klarheit zu erlangen, ist nicht gelungen. Auch sagen
die Gesta Trevirorum gradezu, es habe keine rechtmäßige und klare
Ursache vorgelegen, die Robert hätte veranlassen können, das Erz-
bisthum zu schädigen. Richard muß aber doch wohl Rachege-
danken gehegt haben, da Kaiser Maximilian ihm im October 1516
alle Handlungen gegen Prüm untersagte.

Vorab entwickelte Richard eine erfreuliche Wirksamkeit in seinem
geistlichen Bezirks- und Geschäftskreise, so daß er Morgens die
Messe, Abends die Vesper hielt, an Festtagen besonders thätig
war und alles das, was frühere Erzbischöfe den Weihbischöfen und
anderen Würdenträgern zu übergeben pflegten, selbst that. In dem
St. Matthias-Kloster segnete er den neuen prachtvollen Chor und
den Hochaltar ein; den Abt Vincenz von St. Maximin installirte
er mit großer Feierlichkeit; auch fand er daselbst die Leiche des h.
Agritius, die er in gebührender Weise nunmehr der Verehrung
übergab, wie er denn überhaupt den zahlreichen Reliquien eine be-
sondere Aufmerksamkeit schenkte. Den mit großen Kosten neu ge-
gossenen Glocken der Domkirche ertheilte er den kirchlichen Segen 2c.

Am Mittwoch nach Cantate (den 21. Mai) 1511 erließ er
an Bürgermeister und Rath der Stadt Coblenz folgendes Schreiben:
Richartt von gotts gnaden Erwehlter zu Trier etc. und
Churfürst. Lieben Getruwen. Wir als ein zukunfftiger Erzbischoff zu Trier syn des Willens, wilt gott, morn donrstag
umb die eyne ure nachmittage von uch und denen, die zu uch
gehören, huldunge zu entfahn, darnach wissend uch zu richten.
(Staatsarchiv zu Coblenz.)

In Folge dieses Schreibens huldigten die Coblenzer auch den
Donnerstag nach Cantate (22. Mai) um 2 Uhr des Nachmittags
auf dem Florins-Markte vor der St. Florins-Kirche. Der neu
Erwählte hatte bei und mit sich den Domdechanten Philipp von
Krichingen, die Chorbischöfe Johann v. Moderspach und Diedrich
von Rollingen, die Domherrn Otto v. Breidbach und Jacob v.
Eltz; den Grafen v. Manderscheid, Salentin und Wilhelm v. Jsen-
burg, Eberhard v. Pyrmont, Joh. Heinr. v. Helfenstein, den Dr.
H. Bungen, den Hofmeister Waldecker v. Keympt, den Küchen-

meister C. v. Dieblich, Corvin v. Nassau, Anton Walpot v. Bassen-
heim, Philipp Boos v. Waldeck, Georg v. d. Leyen, Thomas und
Johann v. d. Bruel, Bruyn v. Astheit, Adolph v. Reckenrode u.
A. Der Kurfürst war über den Rhein gefahren, hatte am Deutschen
Eck gelandet und gelangte in feierlichem Zuge auf den Florins-
Markt rc.

3. Kaiser Maximilian in Trier.

Inzwischen aber hatte Kaiser Maximilian für das Frühjahr
1512 einen Reichstag nach Trier ansagen lassen.*) Am 4. März
traf der Kaiser in Coblenz ein; zu Schiffe fuhr er die Mosel hin-
auf gen Trier. Richard fuhr ihm entgegen und traf ihn unterhalb
Cochem. Da schien es das Zweckmäßigste zu sein, Richard setze
seine Reise nach Coblenz fort und folge dem Kaiser nach zweien
Tagen. Die Reise-Einrichtungen der Zeit, das Unterkommen hoher
und gar zahlreicher hoher Herren ließen eine Vergrößerung des
kaiserlichen Zuges um so weniger zu, als der Kaiser überall längere
Zeit verweilte, so z. B. zwei Tage in Zell. So geschah es denn
auch. Der Kaiser weilte längere Zeit in Trier, nahm in der Oster-
woche eifrigen Antheil an den kirchlichen Festen in den vielen und
reichen Klöstern der Stadt und erfreute sich namentlich ob der vielen
und reichen Reliquien.

Auch den „heiligen Rock", der durch die Kaiserin Helena nach
Trier gekommen, ließ Maximilian sich zeigen. Trittenheim erzählt,
daß er, noch ein Knabe, gehört habe, daß der h. Rock im Dom zu
Trier sei, und so ist die Aufbewahrung desselben im Dome daselbst
gleichsam als eine Sage auch zu den Ohren des Kaisers gedrungen,

---

*) Maximilian war ein Freund der Reichstage. Er hatte erst 1505 einen
solchen in Köln abgehalten und wohl bei dieser Gelegenheit den berühmten
Sponheimer Abt Trittenheim in die Burg nach Boppard citirt. Er legte ihm
dort 8 Fragen vor, deren erste von seinem Verstand ein schönes Zeugniß ablegt;
sie handelte de fide et intellectu, warum Gott mehr Glauben von dem Menschen verlange, als Verstand und Wissen? Die Antworten Trittenheim's erschienen im J. 1534 in Köln im Druck. Das Büchlein gehört zu den größten
Seltenheiten; mir gelang es jedoch, dasselbe für die Bibliothek der Stadt Coblenz zu erwerben!

der dann die Sache erforscht und den h. Rock hervorgesucht haben
wollte. Trittenheim führt die Personen auf, die bei dem Kaiser waren,
nämlich Uriel von Gemmingen, den Kurfürsten und Erzbischof von
Mainz, Philipp Graf von Oberstein, desgleichen von Köln, den
Pfalzgrafen Ludwig bei Rhein, Georg Schenk von Limpurg, Bischof
von Mainz, Wilhelm von Honstein, Bischof von Straßburg, Reinhard von Nippur, Bischof von Worms, Philipp von Rosenberg,
Bischof von Speier, Claudius, Bischof von Marseille, Laurentius
Campejus, Gesandter des Papstes Julius II., Rupertus, Orator,
d. h. Gesandter des Königs von England, Oratoren des Königs von
Navarra, des Herzogs Friedrich von Sachsen, des Markgrafen
Joachim von Brandenburg, des Königs Sigismund von Polen u.
A.; dann die weltlichen Grafen Friedrich von Zollern, Wilhelm
von Fürstenberg, Felix von Werdenberg, Carl von Oettingen, Jo-
hannes von Isenburg, Ludwig Graf von Nassau-Saarbrücken, Philipp
Graf von Nassau-Wiesbaden, Wilhelm Graf von Nassau-Diez, Jo-
hann Graf von Wittgenstein, Hermann Graf von Wied, Johann
Graf von Sayn, Diedrich Graf von Blankenstein, Georg Graf von
Königstein, Johann Rheingraf von Stein, Emicho Graf von Lei-
ningen, Johann Graf von Hardeck, Philipp Graf von Virneburg,
Jakob Graf von Moers, Philipp von Westerburg, Wiricus von
Daun, Hartmann von Oberstein, Jakob Burggraf von Rheineck
u. A.

Das Verlangen des Kaisers, den h. Rock zu sehen, setzte den
Erzbischof in große Verlegenheit; denn das Vorzeigen des Rocks war
nicht gebräuchlich, der Rock hatte über 300 Jahre unberührt gelegen,
die Ehrfurcht vor demselben war zu groß, und eine heilige Scheu
hatte sich gleichsam fortgeerbt. Indeß der Kaiser ließ sich von
seinem Verlangen nicht abbringen. Da sandte denn der Erzbischof
das kaiserliche Ansuchen „mit sonderlichem Fleiß" an alle Klöster mit
dem Befehl, sie sollten Gott den Allmächtigen anrufen und bitten,
daß das h. Kleid zum Heile und Troste der Menschen möge offen-
baret werden. Auch berief der Erzbischof sein Kapitel zusammen
und, nachdem dies nach längerer Berathung dem Gesuch des Kaisers
willfahrt hatte, ordnete er allgemeine Gebete an.

Nach so vieler Geistlichen und des gesammten Volkes innigem
Gebete in Zuversicht des allmächtigen Gottes hat der Erzbischof in
eigener Person auf Mittwochen in den Ostertagen 1512, der da

war der 14. des Monats April, laßen den hohen Altar aufbrechen und seind darin fonden worden drei Kisten. In der ersten Kisten, welche von Holz und Helfenbein gemacht, war mit einem großen Siegel besiegelt und wohl versorgt, ist fonden der h. ungenaet Rock unseres Herrn Jesu und bei demselben ein großen falschen Würffell und ein verrostet Messer mit etlichen alten Geschrifften.... Indeßen wurde nicht sogleich die öffentliche Ausstellung vorgenommen, sondern blieb, da immer noch Reichsfürsten ankamen und Maximilian beschloßen, am Krenzerfindungsfeste feierliche Exequien für seine verstorbene Gemahlin Blanka halten zu laßen, bis dahin verschoben. Das Volk erhielt hiervon Kenntniß und in Folge deßen kamen 100000 und mehr Menschen in Trier zusammen.

Am 3. Mai zeigten die gnädigen Herrn, als da waren der Propst Eberhard v. Hohenfels, der Dechant Philipp von Kriechingen, die Erzdiacone Georg v. d. Leyen, Joh. von Mudersbach, Theodorich v. Rollingen, der Scholaster Philipp von Rollingen, Arnold Graf v. Salm, Georg v. Kriechingen, Christ. v. Rheineck, Johannes v. Orley u. Joh. v. Metzenhausen, den h. Rock ausgebreitet öffentlich und so fort während 23 Tagen — —

Vielleicht durch den Zusammenfluß so vieler Menschen bedingt, jedenfalls dadurch gefördert, begann eine epidemische Krankheit sich zu verbreiten — einige hielten sie für die Pest — und nöthigte den Kaiser, Trier zu verlaßen und in Köln die Versammlung fortzusetzen. Richard begleitete ihn dahin und am 12. August 1512 erhielt er daselbst auf dem Saale Gürzenich vom Kaiser persönlich die Belehnung mit sämmtlichen Regalien. Der Kaiser ward hierum ersucht von Salentin Herrn zu Isenburg und Johann Herrn zu Eltz; nach gegebener Zusage kniete der Erzbischof vor dem Kaiser auf einem seidenen Kissen und schwor folgendermaßen:

Ich Richard, Erzbischof zu Trier, des h. römischen Reichs durch Gallien und das Königreich Arelaten Erzkanzler und Kurfürst, gelobe und schwöre auf das h. Evangelium, das ich hier leiblich berühre, daß ich nun hinfür von dieser Stunde dem Allerdurchlauchtigsten, großmächtigsten Fürsten und Herren Maximilian, römischen Könige, meinem allergnädigsten Herrn und aller Ew. Königl. Gnaden Nachkommen, römischen Kaisern und Königen und dem h. Reiche getren, hold, gehorsam und gewärtig sein, Ew. Königl. Majestät und des h. Reiches Ehre, Nutzen, Frommen und

Bestes fördern, Schaden warnen und wenden will, nach allem meinem Vermögen. Auch soll und will ich nimmer wissentlich in dem Rathe sein, da etwas gehandelt oder vorgenommen wird wider Ew. Königl. Person, Ehre, Würde oder den Staat, noch darein verwilligen, sondern ich soll und will Ew. Person und des h. Reiches Nutzen und Frommen betrachten und fördern nach allem meinem Vermögen; und ob ich ynndert (irgend) verstände, daß etwas vorgenommen oder gehandelt würde wider Ew. Königl. Majestät, dem soll und will ich getreulich vorsehen und Ew. Königl. Majestät darin ohne Verzug warnen und sonst alles das thun, was sich von einem getreuen Lehnsmann Ew. Königl. Gnaden und des h. Reiches zu thun gebühret, getreulich, ohne Arglist und un- geverlich, Als mir Gott helfe und das h. Evangelium.

Nach geschehenem Eide hat Kaiserliche Majestät dem von Trier das bloße Schwert in seine Hand gegeben zu einem Zeichen, daß er das weltliche zum geistlichen Schwerte möge und solle gebrauchen — und Ihn damit seiner Lehn und Regalien investirt und dem von Trier viel Glück gewünscht. Der von Trier hat dann selbst der Königl. Majestät für die gnädigen Belehnungen Dank gesagt. Alsobald ließ K. Maj. den von Trier bei sich zu der linken Hand über dem von Köln sitzen.

Das Gesolge des Erzbischofs bestand aus mehr denn 25 Per- sonen, ohne die Dienerschaft. An die kaiserliche Kanzlei zahlte er für die Investitur 330 Goldgulden.

Von Karl, dem Römischen Könige, erhielt Richard die In- vestitur am 4. April 1521, und zwar in Worms, wohin er sich wegen des Reichstages begeben hatte. Wegen seiner Thätigkeit daselbst belohnte ihn Papst Leo X. anerkennend, indem er die Propstei des dasigen St. Martins-Stiftes den Trierischen Tafel- gütern incorporirte (21. Mai 1521). Gegen diese Verfügung pro- testirte zwar das St. Martins-Stift, sie erhielt aber trotzdem unterm 6. December desselben Jahres von Oudenarde aus die Bestätigung Kaiser Karl's V.

4. Richard's Thätigkeit im Erzstift.

Von Köln zurückgekehrt, suchte sich Richard sowohl mit der Stadt Trier, als mit seinen weiteren Nachbarn auf einen guten, friedlichen Fuß zu stellen. Unter Anderm erneuerte er nach altem Gebrauche unterm 24. Decbr. 1512 das Bündniß mit Trier, namentlich in Betreff der Jurisdiction, auf Lebenszeit, streng Bedacht nehmend, daß er den Ansprüchen seiner Nachfolger nichts vergebe.

Als Kaiser Maximilian in Trier war, wurde ein in einer Rechtssache erlassener Brief an Richard datirt „Gegeben in Unserer und des h. Reiches Stadt Trier 2c." Richard erkannte sofort, daß dies ihm und dem Erzstift nachtheilig sein könnte, schickte deshalb seinen Kanzler zum Kaiser und ließ ihm sagen, wie Trier durch Kaiser Karl IV. mit Urtheil und Recht dem Stifte zugesprochen worden sei. Und der Kaiser hat auch in der Sache nichts weiter gethan und in der Folge nicht mehr in ähnlicher Art geschrieben. Er hat also anerkannt, daß Trier keine Reichsstadt, sondern der Hoheit des Erzbischofs unterworfen sei. Endgültig wurde indeß erst die Landeshoheit des Erzbischofs durch Kaiser Rudolph II. mit Jacob v. Eltz im J. 1580 festgestellt. Doch wußte Richard auf dem Reichstage zu Worms Trier schon von jedem Anschlage frei zu halten. Es betrug dieser Anschlag im J. 1491 noch zuletzt 300 Fl. mit 10 Mann zu Roß und 40 zu Fuß! Von da ab erscheint Trier nicht mehr mit einem Reichsanschlag, unbedenklich in Folge der Bemühungen Richard's.

Das J. 1512 muß ein schlechtes Weinjahr gewesen sein; denn Richard befahl seinem Official in Coblenz, in den Orten Kettig, Kerlich, Mülheim, Bassenheim und Ochtendung wegen schlechten Weinwachses bis auf Weiteres keine Vorladung ergehen zu lassen: an keinem dieser Orte findet man zur Zeit auch nur die kleinste Spur, daß je Wein dort gewachsen.

In Coblenz traf Richard mehrere Veränderungen in kirchlicher Beziehung. So versetzte er im J. 1511 die Franciskanerinnen de poenitentia nach der St. Georgs-Kapelle und genehmigte die Ordnung dieses Klosters, welches irrthümlich St. Godeberti-Kloster genannt wird, den 21. Decbr. 1512 von Ehrenbreitstein aus. In demselben Jahre bestätigte er die Fraternität zum h. Petrus und Paulus in der Pfarrkirche zu U. L. F. in Coblenz, die indeß nicht mehr besteht.

Ebenso bestätigte Richard im J. 1516 die im Kloster zu St. Martin zu Trier zu Ehren der dortigen Reliquien vom h. Kreuze und Blute Christi gestiftete Fraternität unter gleichzeitiger Bewilligung mehrerer Indulgentien für dieselbe. Im J. 1514 schon beabsichtigte er die Errichtung einer Bruderschaft im Dome zu Trier, welcher die reichen Reliquien der Kirchen Trier's anvertraut werden könnte. Aus der Vorzeigung dieser Reliquien gegen Zahlung sollte ein Fonds zur Herstellung und Erhaltung von Brücken und Wegen im Erzstift erzielt werden. Papst Leo X. genehmigte die Errichtung dieser Bruderschaft auf den Namen des Apostels Petrus. (Gleich darauf forderte dieser Papst die Hälfte aller, vom Ablaß eingehenden Gelder zum Bau der Peterskirche in Rom. Daß diesem Gesuch entsprochen worden wäre, findet sich nicht!)

Im J. 1515 wollte Richard die Nonnen des sehr in Unordnung gerathenen Klosters Marienburg an der Mosel mit Genehmigung des Papstes, welcher dabei gleichzeitig dessen Einkünfte der erzbischöflichen Tafel überwies, nach dem nahe gelegenen Kloster Stuben übersiedeln. Es hatte dies seine besonderen Schwierigkeiten, da die adlichen Nonnen sich weigerten, das Kloster zu verlassen. Der Erzbischof mußte seinen Kanzler, Dr. Dungen, seinen Official Dr. v. Eck und noch einige seiner Räthe hinsenden, um sie endlich dahin zu bringen, daß sie das Kloster gegen eine Jahresrente von 25 Goldgulden, ein halb Fuder Wein und 3 Mltr. Korn verließen. (Günther, Cod. dipl. V. 193.) (Im J. 1529 vergönnte er den Klosterfrauen in Stuben auch während der Fasten Butter und Milch zu genießen, wie er denn schon im J. 1524 dem Convent der Dominikaner in Coblenz, dreimal wöchentlich Fleisch zu essen, bewilligt hatte.)

Unterm 21. Decbr. 1512 verband sich Richard mit der Regentschaft des Fürstenthums Hessen auf 10 Jahre zu gegenseitigem Friedstand und unterm 23. Aug. 1514 schloß er mit dem Landgrafen Philipp von Hessen einen Vertrag zu gegenseitigem Schutz und Schirm. Er versprach dabei, gegen einen Fürsten zu stellen 100 Pferde und 200 Fußknechte, halb so viel gegen Andere. Ein ähnlicher Vertrag zur Erhaltung des Landfriedens kam 1514 mit Herzog Anton von Lothringen zum Abschluß und im J. 1518 in gleicher Art auf Lebenszeit mit dem Kurfürsten Ludwig und seinem Bruder, dem Pfalzgrafen Friedrich: auf daß wir bei unserer hergebrachten Herrlichkeit, Obrigkeit, inhabenden gutten Freiheiten, rechten, gerechtigkeiten und altem Herkommen bleiben und erhalten mögen werden; auch zur Unberhaltung und vollenziehung des gemeinen königlichen Landfriedens und darzu, daß Pilgere, Landfarer und andere besto stehter wandern mögen, als Glieder und Fürsten des heylichen Reichs unser aller Lebtagelang, das got nach synem willen gnädiglich verhalten wulle, fruntlich, hilfflich und ußtreglich vereyniget, zusammengethan, verbonden und vertragen.

Aber auch zu eigener Wehr suchte er Diener zu gewinnen, so im J. 1511 Wilhelm v. Stein, und zwar verpflichtete sich derselbe, gegen Jedermann zu kämpfen, wo er es Ehrenhalber könne, gegen 6 Fl. und ein Sommerkleid jährlich [!], im J. 1512 mit Salentin Herrn v. Jsenburg gegen 100 Fl. Jahrgeld; im J. 1518 gewann er seinen Manderscheider Amtmann, Bernard v. Lonßen genannt Roben, wegen seiner Tapferkeit in einer Fehde zum Diener im Harnisch gegen 25 Fl. Jahrlohn u. s. f. Auch den Dr. Heinrich v. Silberberg, Propst, engagirte er im J. 1516 zu seinem Rath und Diener für 50 Fl.

Viele Mühe machte es dem Kurfürsten, Streitigkeiten und Forderungen der Stadt Boppard zu bekämpfen; er erließ dieserhalb unterm 25. Februar 1514 ein Schreiben an den Rath der Stadt, in welchem er in sehr ernster Sprache verordnete, wie dem Verderben zu steuern, Frieden und Eintracht herzustellen und die gefährlichen Irrungen zu ordnen seien. (Staatsarchiv zu Coblenz.)

Im J. 1515 erließ er folgendes Schreiben an den Rath der Stadt Coblenz:

Lieben Getrenen! Nach den wilden Lenffen, die sich yho allenthalben schinbarlich und dapffer anschiken, will von noden synn, das wir uns mit unserm und unsris Stiffts Verwandten in Rustigung schicken, also ob sich einich gewalt widder uns und die unsern würde erheben, der troistlichen haben zu begegenen. Und demselben nach so begeren wir mit allem slyß guetlichen, Jre wullent uch mit den ewern in rüstongh stellen, also wan wir uch anderswerb thun schreyben, oder das yre den Glockenschlag horent, daß yre gestalt synt zu folgen, mit uns zu ziehen und zu helfen der gewalt widerstant zu thun. Des wullen wir uns genzlichen zu uch versehen und allentwegen gnediglich erkennen. Datum Ehrenbreit-

stein, am freytag nach Dyonisii (12. Octbr.) XV^cXV. — (Staatsarchiv zu Coblenz.)

Somit hatte er den allgemeinen Frieden im Auge. Indem er
aber gleichzeitig den Cornelius Radener zu seinem Apotheker in
Coblenz ernannte, trug er auch Sorge für sein leibliches Wohl.
Für das geistige Heil seiner Unterthanen sorgte er durch die Er-
theilung eines ausschließlichen Privilegiums für den Druck und den
Verkauf von Brevieren und Meßbüchern an den Math. Hane in
Trier im J. 1514.

In Beziehung auf das Gerichtswesen gab Richard dem weltlichen Gericht in Coblenz eine andere Einrichtung — 1514 — und
entschied in Jurisdictions-Streitigkeiten zwischen den Schöffen und
dem Rath daselbst — 1527.

Im J. 1516 hatte er in Gemeinschaft mit dem Grafen Philipp v. Virnenburg der Pellenz eine neue Criminal-Gerichtsord-
nung gegeben, welche in Günther's Cod. dipl. IV. 189 ausführlich mitgetheilt ist, wie er denn schon früher einige Artikel der
Oberweseler Gerichts-Ordnung namentlich in Bezug auf Appellation
abgeändert hatte. Dagegen erlaubte er aber auch der Stadt Wesel,
auf 20 Jahre hin einen Zoll auf Wein und Frucht zu legen, um
ihre Mauern und Thürme zu verbessern (14. Mai 1516).

Den Juden scheint Richard besonders gewogen gewesen zu sein;
er gestattete einzelnen Juden-Familien den Aufenthalt in Coblenz,
in Lützelcoblenz, in Ehrenbreitstein, in Boppard, Vallendar, Bassenheim, Palzel u. a. O. stets auf eine Reihe von Jahren. Als einst
ein Jude geschlagen worden, drang er auf die Bestrafung des Thä-
ters. Im J. 1518 traf er ein Uebereinkommen mit der Stadt
Coblenz wegen Aufnahme der Juden in die Stadt und erließ eine
ausführliche Ordnung für dieselben, bezüglich deren wegen ihrer
Länge auf den „Rheinischen Antiquarius" I. 3. 617 verwiesen wird.

Aber trotz aller Begünstigung der Juden scheint er doch in
Geldverlegenheit gewesen zu sein. Denn im J. 1513 verpfändete
er Schloß und Herrschaft Schwarzenberg an Bernhard v. Hersheim
für 900 fl. und im J. 1514 überließ er die seit längerer Zeit als
ein in ordentlicher Fehde erobertes Eigenthum der Trierischen Kirche
erachtete Casselburg dem Grafen Diedrich IV. von Manber-
scheid gegen eine Ablösungs-Summe von 2000 fl., der Zusage, den
Kurfürsten gegen alle Ansprüche des Hanses Aremberg, dem die

Casselburg im J. 1426 vom Grafen Wilhelm von Blankenburg verpfändet worden war, zu vertreten, und dem Versprechen, binnen einem Jahre das Schloß zu demontiren und wehrlos zu machen. Coblenz, den 9. September 1514. Den Empfang der 2000 fl. quittirt Richard am 11. Sept.

Richard bekümmerte sich aber auch um kleinere Begebenheiten, wie er denn im J. 1519, als er gehört, daß der Dechant von St. Castor dem Dechanten von St. Florin Wein von der Mosel weggenommen, ein Schreiben an den Rath in Coblenz erließ, des Inhalts: Der Dechant der St. Castor=Kirche in Coblenz, Peter Schönan, unser geistlicher Prälat hat sich gegen uns hoch und gröblich vergessen, indem er auf unserm freien Mosel=Strom, den wir vom h. Römischen Reich zu Lehn tragen, und der zu unsern Regalien gehört, etliche Weine, so dem Dechanten von St. Florin gehörten, weggenommen. Wir haben ihn deshalb in Strafe von 50 Pfd. löthiger Gulden genommen 2c. Nachdem wir nun zur Handhabung unserer Privilegia und Regalia den Schönau haben arretiren lassen, und wenn er nicht gehörig Bürgen stellen kann, so soll er in unsern Hof bei St. Florins Kirchen am Ende, dahin man die Geistlichen zu führen pflegt, gesetzt und wohl verwahrt werden. „Gnedigen und gütlichen Flisses begerende, ihr wollet zur Hanthabunge unser Privilegien und Regalien obgenannt dies dun, was ihr nit allein ons, sondern auch euch und euern Nachkommen zu thun schuldig seid 2c. des versichern wir uns ungeweigert und gänzlich. Datum in unserer Stadt Trier auf Montag nach Lucia anno XIXmo.“

Der Dechant ward wirklich in Verwahrung genommen, da er keinen Bürgen stellen konnte, und sollte so lange sitzen, bis der Kurfürst im Laufe der Zeit 'mal nach Coblenz käme. Dies scheint aber etwas lange gewährt zu haben, und eines Tages war der Delinquent entwischt — den Coblenzern aus dem Gefängniß und uns aus der Geschichte. Petrus Schonauwe ward 1492 Dechant von St. Castor und starb 1528; von 1522 versah seine Stelle Herm. Foemelen, Propst zu Limburg und Canonicus am St. Castor= Stifte. 1528 wurde erst sein Nachfolger erwählt.

Wie sehr Richard auf Würdigkeit der Geistlichen sah, geht u. A. aus einem Schreiben hervor, welches er an seinen Weihbischof Nicol. Schienen erließ. Es lautete: „Unsern Gruß zuvor, ehrwürdiger, in Gott lieber Freund! Uns kommen allerhand Klagen zu über ungeschickte und untaugliche Personen, die ihr bisheran zum priester= lichen Stand ordinirt oder geweiht haben sollt. Dieweil dann solches in dieser gefährlichen Zeit den Laien Ursache gibt, die Geistlichen noch mehr zu verfolgen und zu verachten, darum sollten alle Or= dinare gehörig einsehen, was sich zu thun gebühret, so begehren wir auch von Euch mit besonderm Ernst, daß Ihr in Zukunft keinen mehr ordinirt noch zulasset, der nicht das gesetzliche Alter, noch sonst in der Lehre zum priesterlichen Stand qualificirt und geschickt ist, damit Nachred und Versäumniß allenhalben so weit möglich vermieden werde. Diese unsere freundliche Meinung wollen wir Euch nit verhalten. Datum Ehrenbreitstein, am Sonntag nach Laurentii 1527." (C. Holzer, De Procpiscopis Trevirensibus, Confluent. 1845. p. 72.)

5. Kaiser Maximilian zum zweitenmal in Trier. — Die Wahl Kaiser Karl's V.

So kam denn das Jahr 1517 heran, bei dessen Beginn am Tage der h. drei Könige die Stadt Trier einen zweiten Besuch des Kaisers Maximilian erhielt. Derselbe wurde mit großem kirchlichen Pompe empfangen: soll doch nur der h. Rock ihn zu diesem Besuche veranlaßt haben. Jetzt nahm er auch die Kirche des h. Simeon in genauen Augenschein; er ließ sich daselbst das Grab des Erzbischofs Poppo öffnen, den er als einen seiner Vor= fahren aus dem Geschlechte der Babenberger, der spätern Mark= grafen von Oesterreich, erachtete. Zwei Jahre später, am 12. Januar 1519 starb Kaiser Maximilian. Er hatte schon auf dem Reichstage zu Augsburg gesucht, die Wahl eines Nachfolgers auf seinen Enkel, den König Karl von Kastilien zu lenken. Aber Richard war ihm, im Grunde genommen, allein, entgegengetreten, wahrscheinlich weil er gegen Frankreich frühere Verpflichtungen übernommen und dessen reiche Spenden nicht von der Hand gewiesen hatte. Der eigentlichen Kaiserwahl ging eine Besprechung der Kur= fürsten unter sich voraus, und zwar in Oberwesel, auf Lätare (3.

April) 1519. Es waren außer Richard zugegen Hermann Kurfürst von Köln, Ludwig Pfalzgraf bei Rhein, Friedrich Herzog von Sachsen, Joachim Markgraf von Brandenburg und ein Gesandter des Königs von Böhmen. Hier hielt Richard eine fulminante Rede gegen die Wahl des Königs von Spanien. Er erkannte in ihm keinen deutschen Fürsten, da er in Spanien erzogen und dort von früher Jugend an geweilt habe. Wenigstens stehe er in dieser Beziehung mit dem Könige Franz I. von Frankreich ganz gleich. Die Zeiten, wo Deutschland mit Frankreich verbunden unter einem Herrscher gestanden, wären für das Reich die glücklichsten gewesen u. s. f. Seine Rede ward für vortrefflich gehalten, für überzeugend, und gilt heute noch als ein Muster hoher Beredsamkeit. Ausführlich wird sie mitgetheilt in S. Sehardius, Rerum germanicarum pars II. p. 10, desgl. in J. Massenius, Anima historiae hujus temporis, Colon. 1709. p. 30. u. A. Die Rede machte auch einen großen Eindruck und mehrere Kurfürsten wollten schon ihre dem Kaiser gegebene Zusage zurücknehmen und dem Kurfürsten Friedrich von Sachsen ihre Stimme geben. Dieser indeß lehnte eine etwa auf ihn fallende Wahl mit Rücksicht auf seine geringe Hausmacht entschieden ab, gedachte aber doch für die Folge dem mächtigen Kaiser manche Gerechtsame zu nehmen und ihn durch Gesetze mehr einzuschränken. So schlich er sich denn mit großer Schlauheit in Frankfurt ein und bestimmte die Fürsten zur Wahl Karl's V., wenn derselbe die beschränkenden Artikel annähme und beschwöre, welche als die Wahlkapitulation vom 3. Juli 1519 bekannt sind.

Da Karl V. dies that, obgleich seine Macht dadurch etwas beschränkt wurde, wählten ihn sämmtliche Kurfürsten, also auch jener von Trier (28. Juni 1519). Hatte er diesen doch auch durch eine Verschreibung, d. d. Zaragoza, 24. Decbr. 1518, in welcher er ihm ein lebenslängliches Jahrgeld von 6000 Gulden zugesagt, und durch die Bestätigung aller seiner Rechte, Freiheiten und Besitzungen (unterm 3. Juli 1519) zu gewinnen gesucht. So war demnächst das eifrigste Streben Richard's, den Eindruck, den seine Rede gemacht, zu verwischen und möglichst abzuschwächen. Franz I. König von Frankreich hatte nemlich nicht nur dem aufrührerischen Grafen von der Mark gestattet, sich unter französischen Schutz zu stellen, sondern ihm auch erlaubt, in Frankreich Truppen gegen den

Kaiser zu werben. Wenn er diese Erlaubniß auch bald wieder zu-
rücknahm, so zeigte er doch ziemlich offen seine Absicht, dem Kaiser
die Provinz Navarra zu entreißen. Im J. 1521 (Mai) rückte
ein französisches Heer in Spanien ein und eroberte diese Provinz;
dann machte ihm aber Ligrano, welches es belagerte, ein Fort-
schreiten unmöglich und im Juni wurde es in der Nähe von Pampeluna
so geschlagen, daß es auch Navarra wieder räumen mußte. Indeß
war der Kaiser über Frankreichs beleidigende Gewaltthätigkeit so
erbittert, daß er den Entschluß faßte, durch einen Krieg solche
Kränkung zu rächen. Da erließ er denn auch an unsern Kurfürsten
folgendes Schreiben:

„Karel von Gots gnaden Römischer Kaiser, zu allenzeiten
merer des Reichs:

Erwürdiger lieber Neve und Churfürst. Uns zweifle nit, dein
Lieb sei in gutter gedechtnus, wie der Kunig von Frankreich, als
wir mit allen Stenden des h. Reiches nechst zu Worms in Haud-
lung und Betrachtung des Reichs deutscher Nacion und gemainer
Christenheit notdurfft, Eer und wolfart gestanden, aus freventlichem
muttwillen, on all reblich ursachen, und über das wir uns keins zu
Im versehen, sonder uns der Christenheit zu gut, fridlich mit Jme
zu leben fürgesetzt hätten, den Krieg durch den von Arburg gegen
uns angefangen und selbs nochmals unser Kunigreich Navarra ge-
waltigklichen überzogen und erobert, und das wir darauff durch die
gnad gots daselb Kunigreich wiederumbs zu Handen bracht und den
von Arburg zimblicher Weise gestraifft, dieweil aber derselb Kunig
von Frankreich für und für in deutscher Nacion umb Leut und Hilff
practiciret, und sich mit denselben auch in seinem kunigreich danach
gericht, in meinung, uns weiter zu uberziehen und zu bekriegen, Sein
wir zu der gegenwer gedrungen worden und Im mit Heereskrafft
in sein Land gezogen und sein Statt Masiers auch belegert, zu
got hoffend, die in kurzen Tagen gleicherweise zu erobern. Nun
kumpt uns yz glauplich warnung und kuntschaft, das Er sich mit
Teutschen und Franzesen in merklich Unzal zu roß und Fuß versambelt und underfteen welle, unser Heer vor Masiehrs auffzuslahen,
des wir doch der großen Anzal und der Treffenlichen kriegsleut
willen, so wir darInnen haben, kein sorg tragen, und will sich
unsrs Bedunkens die sachen Enntlich doch inlenden, das sich zwischen
uns und dem kunig von Frankreich ein freye veldsschlacht beschehen

möcht. Dieweil dann der Sig des krieges wanndlpaar vnd darInn gutter fürsehung nott ist, Sein wir der Meinung mit unser aigen Person und mererer Macht uns gentzlich zu solcher Slacht zu schicken, ungezweiffelt, der Allmechtig werde uns, alls dem der solchs kriegs kein anfaeniger und zu gegenwere geursacht ist, darzu glück und Sig geben. Und wiewohl gesagt werden möcht, das diese kriegs-handlung das h. Reiche mit beweret, So kann doch dein lieb selbst ermessen, was Eer und guts, herwiderumb auch schaden und nachtheil demselben Reiche und Teutscher Nacion aus unserm Glück oder unsal erwachsen mag, deshalben wir uns bei dir in solchem ge-treuen Hilff versehen. Begeren demnach an dein Lib mit freunnt-lichem Fleiß und ernst, du wollest den Handel höher, dann die Feder begriffen mag, zu Hertzen nemen und uns ein gesellen oder Ruytterdienst thun und beweisen und dich auffs sterkest zu Roß oder Fuß eylends schicken und rüßten. In der ge-stalt, wann sich die sachen zu einer velbschlacht ziehen und wir dich ferner anlangen und ersuchen werden, das du berait und auffseyest, uns gestracks an das Ennde, dahin wir dich be-scheiden, zu ziehen und des h. Reichs und Teutscher Nacion Eer und walfart helfen zo beschirmen und zu meren, darInn wir dann unsern Leib und alles vermugen darstrecken wollen, und erzeige dich hierin freunntlich und getreulich, als unseres sonderes Hochsver-trauen zu Dir steet. Solchs wollen wir gegen deiner lieb in gleichem fall, wo es zu schutzen kumbt, auch thun und das mit allen gnaden und fruntschafften gegen deiner Lieb erkennen, be-schulden und zu gülten nymermer vergessen. Und begeren das deiner Lieb bei deinem aigenen botten und sunderlich umbschlegig schrifft-lich antwort und lautter unterricht, mit wie viel volks zu Roß und Fuß, auch auf welchen Tag du allso berait sein wollest, uns haben danach zu richten. Geben in unser Stadt Brussel in Braband am XXII. tag September Anno MDXXI, unserer Reiche des Romischen im 3ten und aller andern im 6ten Jahre.

Hierauf antwortete der Kurfürst folgendes:

Allerdurchleuchtigster, großmechtigster und unüberwintlichster Keyser, allergnädigster Herr!

Eurer keyserlichen Majestät sey myn underthenig schuldig und willig Dinst allezeit zuvor on bereit, allerguedigster Herr. myn rethe, so ich hinder mir in meinem Stifft verlaessen, haben mir allher gen Nurenberg, daeselbst ich den hochwürdigen Fürsten Herrn Albrechten Cardinal Ertzbischoff zu Mentz und Meidburg, mynen besonderen freundt und mitchurfürsten Ditz viertell Jahrs by der Regierung verwesen und vertreten moßen, eynen Brieff von Ew. K. M. in Prussel am XXII. Tag Septembris ußgeferdigt zugesandt, der mir am 16. Tag Octobris allhye überantwurt worden ist, darinnen E. K. M. anzeigt, welcher gestalt der König von Frankreich E. K. M. zu der Gegenwere in Kriege gedrungen mit anzeyonge, daß E. K. M. demselbigen König von Frankreich etliche stett und schloß abgewunnen und belegret haben, das auch E. K. M. glauplich warnunge und Kuntschafft zukommen sei, das derselbig Kunig sich mit Theutschen und Frantzoesen in merklicher anzall zu roß u. Fuß versambelt und wellen sich (E. M. bedunckens) die sachen entlich dahin wenden das zuschen E. K. M. und dem Kunig en frie velbschlacht bescheen moicht, so sen E. K. M. meynnung, mit eygener person und mereren macht sich geutzlichen zu solcher schlacht zu schecken, und genediglich an mich begeret, das ich den handell hoher dann die feder geben möge zu hertzen nehmen, auch ermeßen, was ere und guts und hinwiderumb schaden und nachtheil dem h. Reich und theutscher Nacion aus E. K. M. glück oder unfall erwachsen mag, und E. K. M. in diesem sweren Handell eyn gesellen reutter Dienst thun und beweisen und mich aufs sterkst zu roß und suß eylends schecken und rüsten in der gestalt, wann sich die Sachen zu einer Veldschlacht ziehen und E. K. M. mich serrer anlangen und ersuchen werden, das ich bereit und auff sei E. K. M. gestracks an das Ende, dahin E. K. M. mich bescheiden zuzuziehen, und da by genedig begert, das ich by meinem eigenen Botten unabschleglich schriftlich antwurt und lauter underricht, mit wie viel volks zu roß und suß, auch auff welchem Tage ich also bereit sin, E. K. M. zusenden welle, E. K. M. sich haben darnach zu ruchten, mit weiterm synen inhalt habe ich gelesen und gebe E. K. M. unterthenig darauff zu vernemen das ich gantz willig bin, uff E. K. M. gnediges begeren, wo dieselbige E. K. M. mit dem König von Frankreich zu eyner velbschlacht kommen werden, eynen ruther Dinst zu doin nach allem mynem vermugen, will aber darby E. K. M. nit verhalten, das ich keine fußvolk auffbringen

mag, dan myne leut die selbigen zehen nit anders-
wohin uß unserem stifft, we groiß anlieges ich und
der Stifft hatte, ich zehe ban in eygener person vor
und mit, welches dann itzo, biweil ich an allhye by
dem Regiment, wie obangezeigt, syn moyß, nit sin
mag noch mogliche ist, dann die Leut wider den
alten prauch und das herkommen sich nit bewegen
lassen, aber die zu.roß belangend da sind etliche in
rebelicher anzale von Grafen, Herrn und der Ritterschaft vor guter Zeit in E. K. M. denst gewesen
und noch, den ich auch E. K. M. zu thinen erlaubt
habe, aber was und wie dill von den anderen zu
roß so in mynem stifft noch sind, auch sonst mir ver-
wandt bewerben und auffbringen mag, denselben
E. K. M. auf iro witere ansochen bei unsern rethen au be ende und
ort, dahin E. K. M. deselbigen bescheyden werden, folgen ich, habe auch
unseren rethen mit desem botten geschrieben und ernstlichen besoehlen,
das sy alle solche, so vyl sy der zu roß ankommen moegen, von
stunden an beschreiben und in Rustung zu stellen mit allem fleyß
verfügen und anhalten sollen, welches on allen Zweifell also auch
gescheen wirdet, wie dill aber derselbigen sin werden,
ist mir in wahrheit E. K. M. eygentlichen und lauter
anzuzeigen oumoglich, wollt aber, das dero so dil
zu bekommen wären, das ich mit denselben eynen
redlichen und dapfferen renter Dinst E. K. M. unserem allergenedigsten Herrn also thun und beweisen, das dar obe E. K. M. gut gefalles moige
und den Dinst zu eren und gutem erhoffen befunden moicht,
daun E. K. M. in aller unterthenigheit als der gehor-
samste zu thienen bin ich gantz geneigt, der ich mich
in aller unterthenigheit thun befelen mit aller zit
haben zu gestehen. Geben zu Nurenberg am 18. Tag Octobris XVᶜXXI.

(Die gesperrt gedruckten Stellen in obigem Schreiben sind in
dem Concept von des Kurfürsten eigener Hand!) Wir können
nicht sagen, ob der Kaiser wirklich Trierische Hülfstruppen zu dem
Heere erhalten hat oder nicht. Möglich war es, da das
Heer unter dem Grafen Heinrich von Nassau in Frankreich

einrückte, und auch von diesem Mézières belagert wurde. Der Krieg verzog sich am Ende des Jahres 1521 nach dem Hennegau und entrückte unserm Gesichtskreise vollständig.

Um sich bei Kaiser Karl noch mehr beliebt zu machen und ihn sich zu verpflichten, begab sich Richard zur Krönung desselben am 23. October 1521 mit zahlreichem Gefolge nach Achen. Unter anderm hatte er 200 Reiter mit Speeren und schönem neuen schwarzen Anzug bei sich! Bei der Krönung selbst vollzog er die Salbung des Kaisers, während er den Pfalzgrafen zur Rechten, den Kurfürsten von Köln zur Linken hatte, als die 3 Kurfürsten zusammen dem Kaiser die Krone aufsetzten. Bei der Festtafel hatte ihm der Kurfürst von Köln sein Recht, das Tischgebet zu sprechen, abgetreten; somit spielte er bei der Krönung eine Hauptrolle. Besonders aber gefiel dem Kaiser, daß er seinen vielvermögenden Minister Mercurin von Gattinara zu seinem Vicekanzler durch Gallien und das Königreich Arelat ernannte. Ehrenbreitstein, den 21. November 1521.

6. Richard auf dem Reichstage zu Worms.

Nunmehr folgen Ereignisse, welche alles Andere in den Hintergrund drängten, ja fast vergessen ließen. Es war für den 6. Januar 1521 ein Reichstag nach Worms ausgeschrieben worden, um Mittel und Wege zu finden, die von Dr. M. Luther begonnene Reformation zurückzuweisen. War doch Richard schon über das erste Auftreten des Augustiner-Mönches von dem Papste zum Bericht aufgefordert worden. In Worms hatte Richard seinen Official, nicht Vicarius, wie Schlosser meint, Dr. Johann von Eck zur Seite, der ein geborner Trierer war und lateinisch Joannes ab Acie genannt ward, also nicht zu verwechseln ist mit dem berühmten Gegner Luther's, dem gelehrten Professor in Ingolstadt, wie so vielfach und selbst von Hontheim geschehen. Indeß, je mehr dieser zur Strenge rieth, je schärfer er auftreten wollte, desto gütiger ward Richard, dessen große Mäßigung, auf Erkenntniß der Nützlichkeit einzelner reformatorischer Maaßregeln beruhend, selbst von gegnerischer Seite anerkannt wurde. Stets suchte er den Weg der Güte zu betreten, er redete Luthern „wohlmeinend und vertraulich" zu und gab ihm sogar einen Rechtsbeistand, Schurf mit Namen, der mit Luther befreundet war. Es schien damals fast, Richard sei, wie der Erzbischof von Köln Hermann von Wied, der Reformation zugethan. Denn als die erste Unterredung, in welcher es sich besonders darum handelte, ob die Bücher, die vorlagen, von Luther geschrieben seien und er auf deren Inhalt beharre? ohne Resultat blieb, wurde eine 2te auf den 2ten April beschlossen, bei welcher Richard die Verhandlungen leitete. Das Endresultat war, daß Luther auf die ihm vorgelegten Fragen über den Widerruf seiner Schriften derselben Ansicht blieb und nichts widerrief, da dies wider sein Gewissen sei. Und doch erzählen selbst protestantische Schriftsteller, daß er nahe dran gewesen, es zu thun, und er nur durch das Zureden der Ritter davon abgehalten worden sei!

Endlich hatte Richard noch eine Privat-Unterredung mit Luther, bei welcher nur Eck und der späterhin in der Reformationsgeschichte berühmt gewordene Johann Cochlaeus zugegen waren. Luther sagt darüber in einem Briefe an den Grafen Albrecht v. Mansfeld vom 3. Mai 1521, daß der Erzbischof „ganz gut und mehr denn gnädig" gewesen — wollte ihn doch auch Luther bei den sogenannten Miltiß'schen Verhandlungen vertrauensvoll als Richter annehmen! — aber trotzdem konnte nicht entfernt eine Einigung erzielt werden! Und als das bekannte Wort: „Ist dieses Werk ein Menschenwerk, so wird es aus sich zerfallen; ist es aber von Gott, so werdet ihr es nicht zerstören!" gefallen war, war die Sache abgemacht und vollständig erledigt. Endlich bat Luther den Erzbischof, ihm beim Kaiser die Erlaubniß zur Rückreise auszuwirken, weil man ja doch nichts mit ihm ausrichte; der Erzbischof versprach ihm, dies zur Stunde zu thun und hielt sein Wort. (J. Köstlin, M. Luther, Elberfeld. 1875. I. p. 461.)

Zur Fahrt nach Worms hatte der Kaiser Luthern folgenden Geleitsbrief gegeben:

Carl, von gottes gnaden Erwehlter Römischer Kaiser, zu allentzeitten Merer des Reichs ꝛc.

Ersamer lieber andechtiger. Nachdem wir und des heiligen Reichs Freunde jetzt hie versamelt, fürgenommen und entschlossen, der Leren und Bücher halben, so ein Zeit her von dir ausgegangen sein, erkundigung von dir zu empfahen. Haben wir dir hergekommen und von dannen widerumb an dein sicher gewarsam unser und des Reichs freygestrackt sicherheit und Geleit gegeben. Das wir dir hieneben zusenden. Mit beger du wollest dich surderlich erheben. Also daß du in den Ainundzwanzigsten Tagen in solchem unserm geleit bestunbt gewißlichen hie bei uns seyest und nit außbleibest, dich auch kains gewalts oder unrechtens besorgen. Dann wir dich bei dem obgemelten unserm Geleit vestigklich handhaben wollen, uns auch auf sölb dein Zukunfst amtlich verlassen. und du tust daran unser ernstlich maynung. Geben in unnser und des Reichs Statt Wormbs am Sechsten tag des Monats Martii. Anno XV° und im ainundzwanzigsten, Unsers Reichs im andern Jaren. .

    Carolus.   Ad mandatum domini Imperatoris Albertus cardinalis mogonus (Moguntinus), archicancellarius subscripsit.

Die Freunde Luther's erkannten die hohe Bedeutung Richard's in dem Streite und waren ihm darum gewiß nicht günstig gesinnt. Ihre Feindschaft ging auch daraus hervor, daß sie in ihm den Führer der Gegenparthei erblickten, wie man denn in Wahrheit ihm die Führung der Verhandlungen überlassen hatte. Daß sie zu einem andern Resultat nicht geführt, war bei der Leidenschaftlichkeit des Streites vorauszusehen.

Eine Folge der Hochschätzung und wissenschaftlichen Bedeutung Richard's war auch, daß Kaiser Karl ihm 1521 eine Streitsache von Bedeutung zwischen dem Magistrat der Stadt Köln und der Wittwe Joh. von Rheidt übertragen hatte. Obgleich Richard viele tüchtige Männer, als seinen Kanzler Dr. Heinrich Dungen von Wittlich und den Coblenzer Official Matthias von Batburg zu Rathe zog, vermochte er doch die Sache bis zum Januar des folgenden Jahres nicht zur Entscheidung zu bringen. Sie war auch wenig geeignet, auf dem Wege des strengen Rechts entschieden zu werden, so daß ein Vergleich am Platze war, der auch zu Stande kam, aber erst im J. 1524 seinen Abschluß fand. Wir erwähnen den Fall nur, um den Ruf eines verständigen und gelehrten Mannes, den Richard allgemein genoß, weiter zu begründen.

Beſſer gelang ihm dagegen im J. 1526 die Vermittlung in Sachen
des Pfalzgrafen Johann wider Philipp von Elß, den gemeinſchaft-
lichen Beſiß der Burg Ehrenberg nach dem Tode ihres leßten Be-
ſißers, des Herrn von Pyrmont, betreffend.

7. Die Sickingen'ſche Fehde.

Wir nähern uns jeßt der unſtreitig intereſſanteſten Epiſode
aus Richard's Leben, nämlich der Sickingen'ſchen Fehde. Dieſelbe
in alle Einzelheiten zu verfolgen, möchte hier nicht der Ort ſein;
wir betrachten ſie blos in Beziehung auf unſern Kurfürſten und
werden hierbei ſchon in weite Fernen geführt!

Franz von Sickingen, nach der Limburger Chronik „ſeines
Geſchlechts ein Edelmann, der Profeſſion ein Lutheraner,“ ein
Ritter vom alten Schlage, eine Stüße der Proteſtanten, denen er
ſeine Burg, die Ebernburg bei Kreuznach, als Hauptzufluchtsſtätte
immer geöffnet hielt, der Freund Ulrich's v. Hutten, — ging mit
dem Gedanken um, ſich das Erzſtift Trier anzueignen, es, wie kürz-
lich durch Albrecht von Brandenburg mit Preußen geſchehen, zu
einem eigenen Fürſtenthum zu erheben und ſich zum Herrſcher des-
ſelben aufzuwerfen. Ein muthiger und tüchtiger Soldat mit einem
hervorragenden Feldherrntalent, wollte er ſeine ſchwankende Stellung
zwiſchen ritterlichem Beſiß und beinahe fürſtlicher Macht feſter begründen. Er baute dabei auf ſeinen Ruf, auf die Stimmung des
Kaiſers, der wohl noch nicht das Auftreten Richard's bei ſeiner
Wahl vergeſſen, und dagegen auf das Wohlwollen des Königs
Franz von Frankreich, der ihm eine goldene Kette im Werth von
3000 Rthlr. geſchenkt und ein Jahrgehalt von 3000 Frs. über-
wieſen hatte. Als indeß der König Franz auf die Aeußerung
Sickingen's, er bekümmere ſich in Rechtsſachen nur um Deutſchland,
ihm dieſe Summe wieder entzog, gab ſie ihm Kaiſer Karl V. als
Zeichen ſeiner Gunſt! Er baute ſchließlich auf die Hülfe der Proteſtanten. Dieſe hegten allgemein die Anſicht, ſie dürften gegen jeden
geiſtlichen Herrn, und ſei er auch ein Fürſt, ohne weiteres herfallen,

besonders über den mächtigsten derselben, den Richard von Trier, der, obgleich er mit Sickingen durch dessen verstorbene Hausfrau verschwägert war, und obgleich derselbe so gütig mit ihnen verfahren, doch grade wegen seiner Kenntnisse und seiner ruhigen Beredsamkeit als ein Hauptgegner angesehen ward.

Als Franz nun ein Heer sammelte und den gewaltigen Andrang zu demselben wahrnahm, glaubte er, voll persönlichen Muthes, schon des Erfolges sicher zu sein. Da beachtete er die Gestirne nicht, welche befragt nicht zu seinen Gunsten sprachen; (H. Prutz in „Franz von Sickingen's Biographie", in R. v. Gottschall „Der neue Plutarch". Leipzig. 1880. 8. Bd. S. 118); da beachtete er die Schreiben nicht, welche z. B. Luther ihm durch 2 Ritter übersandte und worin er ihn auf das Eindringlichste von den Schritten gegen Trier abrieth; er beachtete das erhebliche Schreiben seines Kanzlers, des frühern bischöflichen Notars in Worms, Balthasar Schloer, nicht, desselben Mannes, wegen dessen er die Fehde mit Worms begonnen und durchgeführt hatte; er ignorirte das Schreiben Kaiser Karl's V., d. d. Nürnberg 1. Septbr. 1522, in welchem ihn der Kaiser an die ordentliche Gerichte verwies und ihm unter einer Anbrohung der Reichsacht und einer Strafe von 2000 Mark Goldes befahl, von seinem Vornehmen gegen Trier abzustehen. Dies in einem sehr ernsten Stil gehaltene Schreiben ward ihm durch den kaiserlichen Boten in Gegenwart des Grafen von Zollern, zweier Grafen von Fürstenberg, des Grafen v. Oberstein, von Löwenstein, von Lupf, von Dengen, des v. Hutten, von Rosenberg und vieler anderer Edeln und Männer vom Kriegsvolke am 8. Septbr. 1522 im Feldlager selbst übergeben. Es kam also offenbar zu spät, um irgend beachtet werden zu können. Dasselbe war der Fall mit dem Verbot des Kaisers vom 11. September, an Sickingen irgend eine Unterstützung, sei es an Mannschaften, sei es an Victualien ꝛc., gelangen zu lassen.

Franz benutzte als Ursache zur Kriegserklärung an den Kurfürsten eine Bürgschaft, welche er an Hilchen von Lorch und Gerhard Börner geleistet haben sollte, fügte aber dieser Anklage hinzu — „deshalb und um anderer höherer beweglicher Ursachen, welche hier zu melden, Länge und Ueberdruß brächten," als z. B. daß Richard das Reich geschädigt habe, wider Gott und die kaiserliche Majestät gehandelt, und was dergl. mehr, „völlig nichtige und ganz unhaltbare Vorwände!" wie H. Prutz sagt, obschon er sonst auf Seiten Sickingen's steht.

Richard erwiederte ihm darauf, daß er zwar ein armer sündiger Mensch sei, aber nicht glauben könne, daß Franz Gottes Executor und des Kaisers Fiskal sei. Die Kriegserklärung war im Charakter der Zeit rein vom Zaune gebrochen! Prutz sagt, daß ein Grund zu einer solchen rein unerfindbar gewesen! Vergeblich waren auch die Schreiben, welche der Erzbischof an die Grafen Hohenzollern, Geroldseck und Fürstenberg erließ, um sie von der Bundesgenossenschaft mit Sickingen abzubringen; sie schämten sich nicht, zu erwiedern, daß sie nichts gegen den Erzbischof anzuführen hätten, indessen jetzt in Dienst und zu Gefallen Franz von Sickingen's ständen.

Als nun Franz seine Kriegserklärung am 27. August an Richard nach Ehrenbreitstein gesandt hatte, eilte dieser nach Trier und forderte die Stadt zur Rüst und Wehre auf. Mit ihm kamen 300 Mann des Erzstiftes, 72 Mann von Köln, und ferner stellten sich ein 700 Mann aus Coblenz, 300 aus Wittlich, 70 aus Limburg, 60 aus Mayen u. s. f., während Trier selbst nur 300 Reiter stellen konnte.

Sickingen's Ruf hatte dagegen 8000 Mann zu Fuß, 600 Reiter — die Angaben schwanken zwischen 7000 und 12000 Mann als der höchsten Zahl — und viele schwere Geschütze zusammengebracht und mit diesen rückte er 3 Tage nach geschehener Kriegserklärung ins Trierische ein. Hatte er dazu auch noch verstanden, anfänglich seine Absicht auf das Trierische Gebiet zu verheimlichen. Er fingirte einen Anfall gegen Philipp von Hessen und gelangte dadurch unbehelligt in das Trierische Gebiet. Wenn Prutz glaubt, er habe dies wegen seiner Nähe sich auserwählt, so lag doch das Gebiet von Mainz ihm viel näher, er hatte sich nur in der Persönlichkeit Richard's geirrt. Nach kurzer Belagerung und Beschießung von St. Wendel eroberte er diese Stadt und bald zog er weiter mit seiner gesammten Macht vor die Mauern von Trier.

Felix Trevericos si nunquam intrasset in agros! In Trier waren die gesammte Bürgerschaft und auch die eingerückten Wehrmänner vom besten Geiste beseelt. Richard in seinem Wamms von Elendhaut that Unglaubliches virtute et consilio, um den Muth der Vertheidiger frisch zu erhalten. Er sprach auf offenem Markte, versprach ihnen Rettung durch Hessen und die Pfalz und besprach sich mit den Anführern, namentlich dem Ersten derselben, dem kriegskundigen Amtmann von Saarburg Gerlach von Isenburg. Von den Lehnsmannen waren erschienen Graf Bernhard von Nassau, Philipp von Virnenburg, Jakob von Manderscheid, Salentin und Wilhelm von Isenburg, Johann von der Mark, Jacob Burggraf von Rheineck, Johann von Büdingen und Philipp von Solms. Mit diesen bestimmte Richard die einzelnen Vertheidigungspunkte, feuerte die Wachen an, bewaffnete geeignete Geistliche und vertheilte die niederen Orden und die Nonnen in der Stadt umher, um z. B. bei ausbrechendem Feuer Hülfe zu leisten. Alle waren von Eifer beseelt, Richard jedoch der Anführer und Leiter, die Seele des Ganzen — in quo uno tunc spes erat! Selbst in die Zerstörung der Abtei Maximin, die wie die Beseitigung aller, der Stadt allzunahe gelegenen und dadurch gefährlich und hinderlich werdenden Gebäulichkeiten vom Stadtrath und den Kriegsmännern zum Zwecke der Vertheidigung beschlossen war, willigte er ein, nicht aber, ohne vorher noch das Domkapitel dieserhalb zu Rath gezogen zu haben. Trotzdem ward dies Verfahren — wenn wir hier in der Geschichte vorgreifen dürfen — späterhin ein Anklagepunkt, namentlich der durch höhere Besteuerung unzufriedenen Geistlichkeit. Trotzdem daß er überall und namentlich bei dem Domkapitel angefragt und in der besten Absicht gehandelt hatte, konnte man nicht vergessen, daß er die Abtei und auch die Vorräthe an Getreide zerstören ließ. Und doch mangelte es an Zeit, die Frucht nach Trier zu bringen, welche Stadt überdieß unter andern auch von den flüchtenden Bauern reichlich mit Frucht versehen war. Sonst wäre sie ja offenbar in die Hände der Feinde gefallen und hätte diesem die Mittel an die Hand gegeben, die Belagerung weiter fortzusetzen. Wurden doch auch die zunächst gelegenen Mühlen zerstört, und ist der Angabe gleichzeitiger Schriftsteller, durch Sickingen selbst seien bei seinem Abzuge die noch der Zerstörung entgangenen Gebäude von St. Maximin und St. Paulin durch Feuer zerstört worden, nirgends widersprochen worden. Wenn nun schließlich feststeht, daß das von Seiten der Stadt Trier angelegte Feuer nie dem Erzbischof zur Last gelegt worden ist, daß er selbst von der Maximiner Chronik nicht als Thäter bezeichnet worden, die später erhobenen Entschädigungsansprüche des Abtes von St. Maximin nie gegen den

Erzbischof, sondern nur gegen den Magistrat und die Bürgerschaft gerichtet waren, so zerfällt jene Anklage wohl gänzlich.

So erwartete man denn mit Zuversicht den Feind, und diese Zuversicht steigerte sich sehr, als die alsbald begonnene Beschießung der Stadt derselben keinen absonderlichen Schaden zufügte und aus den Reihen der Vertheidiger angeblich auch nicht Einen Mann hinwegriß. Da gelang es denn auch Franz nicht, weder einen Zwiespalt zwischen den Bürgern und dem Erzbischof hervorzurufen, indem er behauptete, nur mit den letztern allein zu kämpfen, noch irgend einen Vergleich, eine Uebereinkunft auch nur einzuleiten. Er kämpfte nur mit dem Erzbischof aus Rache für frühere Beleidigungen, indem Richard über ihn bei einer Zusammenkunft in Landau geklagt habe, daß er zu vieles unternehme, jetzt die eine Stadt, dann die andere, endlich die Kurfürsten befehde ꝛc.; was daraus werden solle, gäbe er wohl zu bedenken!

In einem gleichzeitigen Manuscripte heißt es: „Und als nun der Freitag vergangen und Franz die Nacht zum Theil mit Feuerwerfen zugebracht hatte, erwog er wohl, daß er die Stadt nicht nach seinem Willen mit Gewalt erlangen und zwingen konnte. Deshalb suchte er, wie es seine listige Gewohnheit war, einen erbaren Rath sammt gemeiner Bürgerschaft gegen unsern gnädigen Herrn und alle Geistlichen der Stadt in Aufruhr, Zank und Widerwärtigkeit zu bewegen und den Samen der Uneinigkeit auszusäen. Auch darauf etlich viel Zettel an Pfeilen verknöpft hierherein bei der Nacht geschossen des Inhalts: „Lieben Bürgen, ich bin nicht hier, daß ich begere eures Leibs, Bluts oder Guts, aber euer Erzbischoff hat so viel widder mich unbilliges gehandelt, daß ich zu solchem Vornehmen genugsam verursacht bin. Darum aus christlicher Liebde gegen euch des erbietens, wann Jr mir die Stadt diesen Morgen aufgeben, daß ich euer Leib leben und gut ganz frei halten und lassen will, aber gegen des Bischoffs und aller inwonender Pfaffen und Mönche Habe und Gut sei mir mein Willen und meine Hand vorbehalten. Franziscus von Sickingen.“ Die Trierer hielten fest:

Et neque pollicitis, ullo aut terrore moveri
Pectora fida queunt, casusque paratus in omnes
Perstat in immoto cum Principe robore Trevir.

Franz erzielte dadurch grade das Gegentheil von dem, was

er beabsichtgte. Die Zuneigung für den Erzbischof steigerte sich bis zur wahren Begeisterung; denn grade jetzt lernten sie ihn besonders schätzen, da er ihnen in jeder Gefahr so männlich vorging, jede Beschwerde mit ihnen theilte ꝛc. Nur wenige waren es, die ihm feindlich gesinnt, und kamen dieselben gar nicht in Betracht. Als nun wirklich hessische und pfälzische Hülfstruppen herannahten, mußte sich Franz, bei dem das Pulver, von dem er über 20 Tonnen bereits verschossen, zu mangeln begann, in voller Wuth über das gänzlich verfehlte Unternehmen zurückziehen. Denn ein Anführer seiner Truppen hatte schon von den heranrückenden Pfälzern und Hessen eine bedeutende Schlappe erlitten, und auch die von ihm aus dem Braunschweigischen durch Nicolaus von Minkwitz erwartete Hülfe war glücklich abgeschnitten worden. So endete die, mitunter mit großer Erbitterung geführte Belagerung von Trier mit Sickingen's Rückzuge über den Hunsrück, den er, wie Prutz sagt, „unter schwerer Verwüstung des ganzen Landes antrat." Er wollte vorab schon Bernkastel schädigen, aber Richard eilte ihm mit einigen hundert Reitern und etzwelchem Feldgeschütz nach, so daß Franz über das Gebirge weiter zog, — er selbst mit einem kleinen Theil nach der Ebernburg, ein anderer Theil nach St. Wendel und weiter.

Wir können füglich Franzens weiteres Loos übergehen bis zu dem Augenblick, daß er auf der belagerten Burg Nanstall (Nanstuhl) tödtlich getroffen darniederlag, und Richard vor sein Krankenlager trat. Da stellte dieser ihm denn die Frage, was ihn bewogen habe, ihn und seine armen Leute zu überfallen und zu schädigen?

Franz antwortete hierauf in etwas trotziger Weise: „Da wäre viel von zu reden, ein andermal wollen wir dies thun! Nichts ohne Ursach!" Der Erzbischof ließ kein hartes Wort fallen, er war im Gegentheil freundlich gegen den Sterbenden und reichte ihm die Hand zum Abschied. Wie der verschiedene religiöse Standpunkt der Schriftsteller auf die Geschichte Einfluß hat, kann man hier deutlich sehen. Strauß in seinem „Ulrich v. Hutten" p. 523 nennt die Frage des Erzbischofs einen Vorbehalt, den Franz „männlich zurückgewiesen" habe. Wo steckt denn das „Männliche?" eher könnte man die Zurückweisung frech oder grob nennen! Richard's Freundlichkeit Franz gegenüber haben wir hervorgehoben, von Vorwürfen nichts gehört. Strauß kann nicht unterlassen, ihm solche anzurechnen; auch hier fehlt die kleinste Begründung! Prutz spricht ebenfalls von Unversöhnlichkeit Richard's; wir finden auch diesen Vorwurf nicht begründet, reichte Richard ihm doch beim Abschied die Hand, ein gewöhnliches Zeichen der Versöhnung!

Bald darauf starb Franz und mit ihm der letzte Ritter! Die Zerstörung zahlreicher Burgen war gleichsam sein Todtenopfer! es wurden fast gleichzeitig gebrochen Kronenberg bei Frankfurt, Drachenfels an der Lauter, Hohenberg im Wasgau, Lützelstein oder Lützelburg, Nanstall, auch Nanstuhl oder Landstuhl genannt, in welcher bei der Eroberung Franz sich befand, und endlich die Ebernburg, die so oft die Zufluchtsstätte der Anhänger Luther's war. Bei der Belagerung der letztern betheiligte sich Richard persönlich; seine Mannschaft lag zuerst in Hornbach, Meißenheim ꝛc., dann in Pfalz und Kreuznach, und führte die größeren Geschütze mit sich. Er gewann daraus auch einige Geschütze, die sowohl durch ihr großes Gewicht, als durch ihre kunstvolle Arbeit und bemerkenswerthe Form bis zum J. 1802 auf dem Ehrenbreitstein zu sehen waren.

Die Burg Thann ward hauptsächlich durch Richard's Vermittelung, der gern dem Wunsche des Bischofs von Speier entsprochen hätte, erhalten und diesem übergeben.

Früher war Richard bei den Besprechungen, die da hinausliefen, den Krieg in Feindesland zu bringen und so lange fortzusetzen, bis vollständige Entschädigung der Kosten stattgefunden, z. B. jener in Oberwesel am 1. October, zugegen. Diese Besprechung fand aber unter den Fürsten allein statt, Niemand ward zugelassen; denn Richard hatte sattsam erprobt, daß der Sickinger Alles erfahre, ihm Alles mitgetheilt werde, was irgend besprochen wurde. Seine Klage, daß er Verräther am Tische habe, schien begründet; fand er doch auch bei der Verfolgung von Franz gen Bernkastel hin einen Brief des Abtes Wilhelm von Prüm, aus welchem ein Einverständniß zwischen diesem Abte und dem Sickinger hervorging.

Richard zeigte bei dem ganzen Kriege, namentlich aber bei der Belagerung von Trier, durch welche ihm und dem gesammten Lande doch die größte Gefahr drohte, eine Thatkraft mit einer Ruhe verbunden, die in Wahrheit erstaunenswerth! Letztere schien der Sachlage so wenig zu entsprechen, daß Einige an ein Ein-

3

greifen von Gottes Hand glaubten. Sollte sich dieses doch auch
Richarden selbst geoffenbart haben, als er bei seiner Rückkehr nach
Trier, ermüdet eingeschlafen, den Apostel Petrus im Traume er-
blickt, und dieser ihm offenbart habe, wie nichts zu fürchten sei und
gleichzeitig ihm Muth und Siegeshoffnung eingeflößt habe. Daher seine Zuversicht, welche er denn auch auf andere zu übertragen
wußte. Diese Zuversicht war es auch, die ihn die Vermittlungs-
Vorschläge des Kurfürsten von Köln, durch Gesandte noch am 12.
September ihm vorgelegt, ohne weiteres ablehnen ließ. Sie
waren übrigens auch nicht entfernt annehmbar, denn Franz forderte für seinen Abzug nur 200,000 Goldgulden, während Richard
dieselbe Summe für allen ihm zugefügten Schaden verlangte. Es
war dies eine Antwort, wie sie sich gebührte, keineswegs, wie E.
Münch in seinem „Franz v. Sickingen's Thaten", Stuttg. 1827.
I. 256 sagt, „ein Beweis eines stolzen Gemüthes, das im jetzigen
Augenblick von den heftigsten Gefühlen der Rache bewegt, jede
Maaßregel verschmähte, die seinen Grundsätzen und Leidenschaften
widerstritt." Hier kann man deutlich sehen, wo die Leidenschaft
steckt! Sollte denn Richard ohne weiteres eine solche Summe
für einen ganz unverschuldeten, höchst frevelhaften Angriff zahlen?
Sollte er dadurch auch nur entfernt eine gewisse Berechtigung zu dem
Angriff anerkennen? Sollte er sich vielleicht noch dafür bedanken?
War es nicht weit ehrenvoller, einen Vertrag, dessen eigentlicher
Inhalt ganz unerschwinglich, offen von der Hand zu weisen, als
sich zu verschwören, wie Sickingen gethan, er wolle kein frommer
Edelmann sein, oder Trier in Bälde erstürmen? Wer ist da von
den heftigsten Gefühlen der Rache bewegt und läßt sich zu leeren
Rhodomontaten herbei? Auffallend ist die oft wiederholte Erzäh-
lung, daß trotz des wiederholten, äußerst heftigen Kugel- und Stein-
regens, womit Franz die Stadt übergoß, angeblich auch nicht Ein
Mann auf Trierischer Seite getödtet ward. Es übersteige dies allen
Glauben, sagten schon gleichzeitige Schriftsteller; doch der berühmte
B. Latomus fragt geradezu, wer hiernach noch zweifeln könne,
daß der Himmel über die Stadt gewacht habe —

> Quis adhuc, quis credere cesset,
> Praesentes habitare Deos, urbemque tenere
> Trevericam et proprias defendere Numina sedes?

daß die Heiligen ihren alten Wohnort vertheidigt hätten! — Aber es fanden 5 „mörderische" Stürme statt, und somit kann das Erzählte nicht begründet sein!

Eine kleine Anhöhe in dem, den Gesichtskreis der Stadt begrenzenden Gebirgszuge heißt heute noch „Franzens Köpfchen!" es soll der Standort seiner Kanonen gewesen sein. War dies wirklich der Fall, so konnten sie allerdings wegen allzugroßer Entfernung der Stadt keinen Schaden zufügen. Aber Sickingen war ein viel zu tüchtiger Soldat, als daß er einen solchen Irrthum begangen oder gar auf ihm beharrt hätte!

Trier's Belagerung 1522.

Drohend erschien vor der Stadt mit zahlreich geworbenen Söldnern
Zwar ein Rittersmann nur, doch einer vom größten Gewicht.
Franz von Sickingen war's, vor dem schon Mancher gezittert!
Rosse zerstampften das Feld, Karthaunen erdröhnten von oben,
Mörser vom festesten Erz schleuderten zündendes Feuer!
Doch nichts schreckte das Volk! treu stand es zur Seite dem Herrn.
Und von den Thoren hinweg entwichst du, Fränzchen! mit Schimpf!
Ward dir vereitelt die Lust, auf fürstlichen Thron dich zu schwingen
Und im Trierischen Land Zwietracht zu stiften und Neid?
Richard entgegen dir stand, des Ruhm erstrahlt um so heller,
Als er ein Mann sich bewährt, nicht kannte weibische Furcht.
Stärkte ihn doch überdies des Traumes himmlische Weisung,
Die Vertrauen ihm gab auf siegreiche heilige Macht.
Und sie zeigte sich klar, fiel doch nicht Einer zum Opfer,
Nicht ein Tropfen von Blut tödtlicher Wunde entrann!

Unverantwortlich war, daß so viele Verbündete und Freunde Richard's ihn jetzt, wo er in so harter Bedrängniß, treulos verließen und sich offenbar auf Sickingen's Seite stellten. Des Kardinals und Erzbischofs von Mainz Albrecht von Brandenburg (1515—1545) Benehmen mag als Beispiel einer schroffen Perfidie gelten. Auf das dringende und wiederholte Gesuch Richard's weigerte er sich anfänglich aus nichtssagenden Gründen und, als er den kaiserlichen Befehlen gegenüber nicht mehr anders konnte, stellte er Richarden 200 Füßer in Lahnstein zur Verfügung. späterhin auch einige Reiter, dies aber zu einer Zeit, wo der Krieg schon beendigt. Nur um die Sache hinzuziehen, hatte er 2 Unterhändler

nach Trier gesandt, die angeblich mit Instructionen versehen waren.
Diese bestanden aber nur aus leeren Redensarten, die zu keinem
Resultat führen konnten, und dokumentirten nur seine Zweideu-
tigkeit. Seinem Amtmann zu Lahneck hatte er zwar befohlen,
keinen über den Rhein zu setzen, bevor er geschworen, daß er nicht
zum Sickingen'schen Heere gehöre; aber im Ganzen war er auf
Sickingen'scher Seite, und die Fähren führten Mann und Roß
über, die zu Sickingen's Fahnen wollten. Für Ersteres sagte ihm
Richard trotzdem Dank und bemerkte: „Ew. Liebden mag Ir
Reuther wider zu Ire erfordern, dan wir der Gottlob! zu Zeitten
nit bedarffen! Datum Ermbreitstein, Freitags nach Maurici —
(26. Septbr.) XXII." Die 3 verbündeten Fürsten legten Albrecht
später eine Buße von 25,000 Gulden auf!

Der Kurfürst kehrte am 11. Inni 1523 von der Nahe nach
seiner Heimath zurück, nachdem das eroberte Gebiet so getheilt
worden, daß Trier und die Pfalz den linksrheinischen, Hessen den
rechtsrheinischen Antheil desselben bekommen. Er selbst gab den
Schaden, den das Erzstift durch den Sickingen'schen Einfall erlitten,
auf 300,000 Gulden an; Georg Spalatinus, ein Schriftsteller der
Zeit, auf 200,000 Goldgulden! quam parvo tempore quam magna
jactura!

Bedeutende Summen mußten von dem Lande in Form einer
eilenden Hülfs- und Kopfsteuer erhoben werden, worüber dieses
eben nicht erfreut war, so daß öfters mit Strenge eingegriffen
werden mußte. Dann wurde genommen, was an Geld oder Geldes-
werth nur immer zu finden. Darüber beschwerten sich die Klöster,
u. A. die Abtei Himmerode; der Betrag von 4000 Gulden, den
sie zu zahlen hatte, erscheint auch wirklich hoch gegriffen. Da
baares Geld nicht vorhanden, verlor die Abtei 8 goldene Kelche,
ebenso viele silberne Schüsseln, ein Haus in Trier u. A. m. Die
Klagen verstummten indeß, als bald nachher neue Forderungen
für den Bauernkrieg ausgeschrieben wurden, da man dessen Greuel
in nicht allzuweiter Ferne beobachten konnte und man davon ver-
schont blieb.

Aber etwas dreist war es doch zu nennen, daß schon auf dem
Reichstag zu Speier im J. 1526 die Familie Sickingen den Kaiser
und dann auch den Kurfürsten anging, ihr die den Siegern als
Kriegs-Entschädigungen zugefallenen Besitzungen wieder zukommen

zu lassen. Der Kaiser war geneigt, das Gesuch zu unterstützen, Richard aber sagte: „Herr, was wollt Ihr mir zeihen? ich bin gar schwerlich von Franz v. Sickingen beschädiget. Wer hat sich denn über mich neulich erbarmt! Ueberdies hat Schweicher v. Sickingen (— einer der Söhne von Franz —) mir darzu meiner Amtleute einen aufgegriffen und ime sein Haus, in dem er seine Wohnung gehabt hat, in grundt abgebrannt!" Darauf erboten sich die v. Sickingen, den Amtmann zufrieden zu stellen, und der Kaiser sprach nochmals zu ihren Gunsten. Aber die Fürsten schlugen es zuletzt ganz ab! Richard war ferneren Bitten nicht zugänglich und sagte: „es stundt nit allein an ime!"

Wir halten Richard ganz berechtigt, solche Sprache zu führen; Niemand sagt auch, daß er nicht in aller Ruhe gesprochen. Feindliche Schreiber aber, denen er das Unglück hatte fortwährend zu begegnen, z. B. Leodius, ergreifen die Gelegenheit, die Reden Richard's „etwas unbedachtsam und gehnhitzig" zu nennen, bleiben aber den mindesten Beleg dafür schuldig, wie denn auch wir ihn nicht zu finden wissen. Sagt doch auch Leodius bei der Belagerung von Trier, der Erzbischof habe sich sehr schläfferig gewehret! — Siehe Bellum Sickingianum, d. h. kurze, doch umständliche historische Erzählung deren von dem Edeln tentschen Helden Fr. v. S. 2c. geführten Kriegen, Straßb. 1626. 4.

Die Gerechtigkeit nöthigt uns, die Tüchtigkeit Franzens v. Sickingen nochmals anzuerkennen. Er war ein ausgezeichneter Finanzier und legte dadurch den Grund zur Erhebung seiner Familie in die reichsunmittelbare Ritterschaft; er war kein Raubritter und schädigte den armen Mann nur ungern. Daher denn auch sein Name bei der Ritterschaft in hohen Ehren stand. Sein Geschlecht, noch 1773 durch Kaiser Joseph in den Grafenstand erhoben, starb aus, der letzte desselben lebte und starb auf einem Bauerngütchen, von der Barmherzigkeit eines Bauern im Sauerthal (Kr. St. Goarshausen) unterhalten. Er wurde auf einer, mit 2 Kühen bespannten Karre begraben. Ein Freund vaterländ'scher Geschichte setzte ihm einen Gedenkstein, auf dessen vorderer Seite Namen und Wappen stehen, auf der Rückseite: „Er starb im Elende!"

Fragen wir schließlich leise, was wohl die Folge gewesen, wenn Sickingen den Sieg errungen —? so können wir uns glücklich preisen, daß es nicht geschehen. Es war offenbar jene Fehde der Anfang eines Vernichtungskrieges gegen die katholische Kirche, der Anfang einer Umgestaltung der Reichsverfassung durch Vernichtung der fürstlichen Gewalt. Das Ganze würde einen mehr republikanischen Anstrich erhalten haben; dem Kaiser wäre, wenn er sich zur rechten Zeit angeschlossen hätte, wohl die Krone geblieben, er würde aber dem Adel gegenüber sehr ohnmächtig geworden sein, da diesem die Hauptrolle zugefallen. Es wäre eine Art polnischer Wirthschaft geworden und wohin diese geführt, hat die Geschichte gezeigt. Leicht aber hätte der Kaiser auch Alles verlieren können, und so hielt er sich auch zurück, als im Bauernkriege ähnliche Verhältnisse an ihn herantraten.

Daß Sickingen gern Kurfürst von Trier geworden, ist klar, ja daß ihm selbst nach dem Kaiserthrone gelüstet, sehr wahrscheinlich. Daher die Furcht vor ihm, die Niedertracht gegen Richard.

Richard's Zeit war in Unruhe! Er mußte zum Reichstage nach Nürnberg, da ihm Papst Clemens befohlen hatte, den Cardinal-Legaten Laurentius Campeggi in seinen Bemühungen für die Ruhe in Deutschland daselbst zu unterstützen. Indeß wurde dort nichts Erhebliches in kirchlicher Beziehung verhandelt, noch weniger erzielt, ja eine Besprechung derselben vom Kaiser noch dazu strenge getadelt! — Doch widerfuhr dem Kurfürsten schließlich die Ehre, von dem kaiserlichen Statthalter, dem Erzherzog Johann am 1. Juli 1524 zu einem kaiserlichen Rathe mit einem Jahresgehalt von 6000 Fl. bestellt zu werden. Mit dieser angenehmen Zugabe kehrte er nach Ehrenbreitstein zurück!

8. Richard's Betheiligung am Bauernkrieg.

Richard sollte es indeß nicht vergönnt sein, längere Zeit in Ruhe und Frieden zu leben. Der Bauernkrieg, das ist der Kampf, den die Bauern in weiter Ferne begonnen, um sich eine bessere Stellung in der menschlichen Gesellschaft zu erringen und den Druck, der auf dem Schutz- und Rechtlosen lastete, in etwa zu mildern, war schon bis in die nahe Pfalz gedrungen. Es wollten die Bauern die hin und wieder noch bestehende Leibeigenschaft aufheben, die

starken Frohnden nicht mehr leisten, Feld-, Wasser- und Weide-
Gerechtigkeit frei haben, keinen Zehnten mehr entrichten u. s. f.
Andere forderten wieder das Recht, sich ihre christlichen Lehrer
selbst zu bestellen und sie auch selbst wieder abzusetzen u. dergl. m.
Im allgemeinen hatten die Klagepunkte eine dreifache Tendenz:
einmal die im Trierischen allerdings nicht nachzuweisende Hinneigung
zu der „evangelischen Predigt", d. h. zur Lehre M. Luther's, weit
mehr aber dann das Verlangen nach Gleichheit in wahrhaft demo-
kratischem Sinne und endlich der selbst offen ausgesprochene Wille,
sich der Herrschaft des Landesfürsten zu entziehen und nur die Au-
torität des Kaisers, resp. des Erzherzogs Ferdinand anzuerkennen.
That doch der Kaiser nichts Entscheidendes, um dem Aufstande
entgegenzutreten, und wird in einem Schreiben an Kurtrier der
Verdacht unverholen ausgesprochen, Erzherzog Ferdinand stehe in
geheimem Einverständniß mit den Bauern. (Man sehe dies Schreiben
in dem Aufsatze des Prof. Kraus: „Beiträge zur Gesch. des
deutschen Bauernkrieges" in den Annalen des Vereins für Nassauische
Alterthumskunde, Bd. XII. 21.) War doch auch bei der Sickingen'schen Fehde im Reiche die Meinung verbreitet, Sickingen ziehe
im geheimen Auftrage des Kaisers wider Trier. Aus einem Briefe
Christoph's v. Schwarzenberg an den Herzog Ludwig v. Baiern
geht hervor, daß Richard ihm gesagt, Luther habe ihm eine Mit-
theilung gemacht, die er für sich behalten müsse. Da glaubte man,
dies sei nichts anderes gewesen, als daß Luther auf die im Hintergrund lauernde revolutionäre Ritterschaft hingewiesen! Ward doch
auch Luther's Widerruf, wie oben gesagt, durch die Ritter verhindert.
Hier und dort traten die Bauern zusammen, man konnte
Haufen von 20,000 und mehr sehen, und diese haustensten fürchterlich
z. B. im J. 1509 bei Frankfurt a. M., 1511 in Constanz, 1513
im Breisgau, 1515 im Hochstifte Augsburg u. s. f., zerstörten
hierbei 292 Schlösser und Burgen, über 50 Klöster, viele
Dörfer zc. War dieser revolutionäre Geist einmal geweckt, so
ward er durch die reformatorische Bewegungen in der Kirche noch
mehr angeregt, und der Kampf ging gegen Kirche und Staat in
gleicher Heftigkeit. Die Bauern unterlagen zwar durchgehends;
wenn auch die Ritter hin und wieder mal eine Schlappe erlitten,
so war diese doch unbedeutend gegen die Niederlage der Bauern.
Handelten diese doch ohne einen festen Plan, fehlten ihnen doch

tüchtige Anführer, mangelte es ihnen an Reitern und Geschützen, und namentlich entbehrten sie der vielen festen Plätze des Gegners. Und diesen ungeregelten Haufen standen mächtige Fürsten und die reiche Geistlichkeit entgegen! Das Trierische Gebiet war zwar noch ruhig geblieben, aber es glimmte das Feuer schon unter der Asche, und in seine Nähe war der Aufruhr schon gerückt, ein weiteres Vordringen also sehr zu befürchten.

Richard sah die Lage des Landes sehr gut ein; zeigte er sich doch während des ganzen Krieges als ein gescheidter und gewandter Kopf, und die Mehrzahl der Schriftsteller bezeichnen ihn als einen bedeutenden Mann, der aller Achtung werth! So folgte er denn auch gleich der Aufforderung des Pfalzgrafen, die dieser am Freitag nach Laetare des J. 1525 an ihn erließ, sich mit ihm in Verbindung zu setzen. Bei dieser Gelegenheit sprach er sich dahin aus, wie sehr er bedauere, daß die Sache durch den lutherischen Handel so weit gekommen, und man ihr nicht früher gewehrt habe. Jetzt würde ein großes Blutvergießen die Folge und immerhin noch die Frage sein, wer den Sieg davontrage. Seine Meinung wäre daher, man solle mit den Bauern gütlich unterhandeln und in möglichen Dingen nachgeben. Dazu war es indeß zu spät geworden, kam doch ein Schreiben mit der dringenden Bitte um Hülfe, welches der Pfalzgraf von Heidelberg aus in der Nacht vom Palmsonntag geschrieben hatte! Auch ersuchte der Bischof von Worms, der zugleich Statthalter von Mainz war, zur Zeit den Kurfürsten, seinen Wohnsitz nach Ehrenbreitstein zu verlegen, um näher bei der unruhigen Gegend zu sein. Dem Gesuch willfahrte Richard sogleich, indem er sich willig erklärte, also zu thun. Gleichzeitig forderte er die Ritterschaft des Landes auf, sich zu rüsten und zu ihm zu stoßen, da dies bei den allerlei Empörungen von nöthen sein werde, und zu kommen im Harnisch und eisernen Helmen. Solche Aufforderung erhielten die Grafen, als jene von Virneburg, Sayn, Nassau-Beilstein, Nassau-Weilburg, von Wied, von Eltz, von Westerburg, Mohr vorm Walde, von Esch u. A. m.; die Ritterschaft, die Amtleute, die Diener, die Städte. Unter den letztern werden genannt Coblenz, Boppard, Wesel, Montabaur, Limburg, Cochem, Wittlich, Mayen, Münster, Manderscheid, St. Wendel, Bernkastel, Hamm (Zell), Saarburg, Pfalzel, Hillesheim, Killburg, Grimburg, Baldenau, Dune, Schoeneck, Schoenberg,

Welschpillich, Kaisersesch, Engers, Vallendar, Lubensdorf, Welmich, Kapellen, Lahnstein u. Covern! Es wurden also Orte, wo das Erzstift Burgen hatte oder vielmehr diese selbst, als Städte betrachtet.

Nachdem nun auf Ostermittwoch der Marschall Georg v. d. Leyen von Ehrenbreitstein zum Pfalzgrafen ausgeritten war mit 58 Pferden, zog Richard selbst ebenfalls an der Spitze von 800 Reitern und 1200 Mann Fußvolk in 3 Fähnlein, nach Leobius mit 300 Reitern und 1500 Füßern, demselben zu. Ueber die Mannschaft hatte er am 5. Mai in Coblenz Musterung gehalten. Richard zog über den Hunsrück, hielt sein erstes Nachtquartier auf Schloß Schoeneck,, den andern Tag ritt er nach Kreuznach, den 3. nach Heidelberg, das zur Zeit der Zufluchtsort vieler hoher Geistlichen war. Er zeigte seine Ankunst daselbst Freitag nach Cantate dem Domkapitel an.

Der Krieg gegen die Bauern war in vollem Gange, und das Trierische „wohlgebutzte“ Volk mußte hart heran. Es töbtete zwar von einem Haufen von etwa 300 Bauern mehr denn ein Drittheil, verlor aber dabei auch einen tapferen Hauptmann, Theobald Maurer, bei Königshofen an der Tauber.

Durch Schreiben aus dem Lager von Heidingsfeld bei Würzburg gab der Kurfürst seinen Räthen in Coblenz von den bereits errungenen Vortheilen Nachricht und gebot, derentwegen ein Dankfest in den 7[1]) Kirchen der Stadt Coblenz zu begehen. Auf dem Rückmarsch stießen aber die noch vereinigten Schaaren bei Pfeddersheim auf zahlreiche Bauern, die sich auf dies Städtchen zurückzogen. Es kam wider Erwarten noch zu einer Schlacht, in welcher der Bauern etwa 4000 getöbtet, die übrig bleibenden aber in die Stadt getrieben und hier festgehalten wurden. Am andern Tage, am Sonntag nach Johannis Baptistae, sollten letztere, etwa 3000 an der Zahl, nach abgegebenen Waffen und ernstlich vor jedem etwaigen Fluchtversuche verwarnt, nach einem offenen Platze vor der Stadt geführt werden. Als nun einige der letzten aus

---

[1]) Nach römischer Sitte wurden 7 Kirchen besucht in der Charwoche und bei traurigen und bedenklichen Zeiten; es waren die Pfarrkirche, die St. Florinkirche, die St. Castor-Kirche, die Kirche des Marienklosters auf der Lehr (die spätere Jesuitenkirche), die Kirche der Dominikaner, der Franziskaner und der Kapuziner im Thal. (Confluentia in valle.)

diesem Zuge bei einem Kreuzwege fortzulaufen und zu entfliehen dachten, wurden sie von den sie escortirenden Reitern verfolgt und zusammengehauen. Dies sahen die Reiter an der Spitze des Zuges und in der Meinung, es sei dies auf Befehl geschehen, hieben sie gleichfalls ein. Obgleich der Pfalzgraf dem Morden in eigener Person nach Kräften wehrte, und dies auch viele der Heerführer thaten, wurden gleichsam in einem Augenblick über 800 niedergemacht. Der Pfalzgraf Philipp schrie: „Da möge sich Gott erbarmen, daß ich mein eigen Volk umbringen laße!" indeß umsonst, dem Irrthum erlagen die Bauern.

Während der letzte Satz aus einem lateinischen Mss. des Domkapitels in Trier, welches gegen das Ende das 16. Jahrhunderts geschrieben worden, jene Worte aber ganz ausnahmsweise auf deutsch anführt, entnommen ist, heißt es bei Pet. Gnodalius in seiner „Vera et compendiosa historia rusticanorum tumultuum in Germania", wie solche Scharbius in seiner Rerum germanicarum T. II. 171 anführt, über den Hergang bei Pfebbersheim folgendermaßen: „Etsi autem elector aliique nonnulli duces summa vi furentem equitem a strage miserorum retinere conaretur, tamen circiter octingenti illic caesi perierunt, a Treverico Archiepiscopo Richardo quoque ad insectationem eorum ferventius abrepto, in illa fuga non perpaucis, ut ferunt, confossis. Der letzte Satz sagt also .... „indem auch von dem Erzbischof Richard von Trier, der sich zur Verfolgung der Elenden allzu eifrig fortreißen ließ, auf jener Flucht nicht wenige, wie man sagt, niedergemacht worden sind." Doch war es nicht Gnodalius allein, sondern weit mehr Sleidanus, durch welchen dies angebliche Verhalten des Erzbischofs Verbreitung gefunden. Dieser sagt: „Ad Petershemium magno numero fuerunt a militibus occisi, cum facta deditione arma depossuissent. Aderant huic caedi Princeps Palatinus et archiepiscopus Trevirensis Richardus: quorum ille quidem magna vi conabatur furentem militem retinere, hic autem non solum probasse, verum etiam multos confodisse fertur." Diese beiden Schriftsteller dienen zur Grundlage aller weiteren Erzählungen, wie man klar verfolgen kann, und die eine beruht auf einem „fertur", die andere auf einem „ut ferunt!" Und trotzdem weiß Sleidan von Richard anzuführen, daß er den Mord gebilligt habe! Es wird dies durchaus nicht begründet und erscheint so dem

Character und den Gesinnungen eines ehrenwerthen, bereits ältern, in hohen geistlichen Würden stehenden Mannes durchaus nicht ent- sprechend. Wie viel weniger aber wird sich ein solcher Mann an dem Morde Wehrloser betheiligen, und der ächt kriegerisch ge- sinnte Erzbischof wird gewiß nicht sein Schwert durch eine solche That entweihen. Nun ist aber immerhin die Beschuldigung eine so erhebliche, daß ein ordentlicher Geschichtsschreiber sich nicht mit einem „man sagt" begnügt hätte. So wird man unwillkürlich zu der Meinung hingedrängt, daß dem Erzbischof ein Schmutzfleck angehängt werden sollte, den die Protestanten als auf Wahrheit beruhend, die Katholiken, wenigstens in ihrer großen Mehrheit, als falsch ansehen. Wer da weiß, wie so ein Klecks eine Geschichte hebt, welchen An- klang er findet, der versucht ihn, wenn auch mit einem „man sagt!" Unwahrscheinlich wird die Sache dadurch, daß die beiden Fürsten und Heerführer in dem Lager bei Pfeddersheim nahe bei ein- ander lagen und einen Mangel an Uebereinstimmung gleich em- pfunden haben müssen. Da wird doch nicht der Eine die Sache ver- dammen, der Andere ihr beistimmen, der Eine sogar thun, was der Andere nach Kräften hindern will. Und noch dazu soll der äl- tere, bedächtigere Mann zum Schlimmen neigen! Es erscheint dies keineswegs wahrscheinlich, ebensowenig, daß der Pfalzgraf dazu geschwiegen!

Peter Crinitus hebt in seiner ausführlichen Geschichte des Bauernkrieges das Mißfallen, welches der Pfalzgraf an dem Morden gehabt, sehr hervor. Derselbe habe den Frieden überhaupt jedem Sieg vorgezogen und hier habe er alles Mögliche gethan, um dem Morden vorzubeugen, wie es denn das Wahre bei einem Fürsten sei, des Besiegten zu schonen. Crinitus erwähnt aber den Erzbischof gar nicht, wie schmeichelhaft auch der Gegensatz für seinen Pfalz- grafen gewesen wäre. (Vide Freheri, Germanicarum rerum Tom. III. 194.)

Es kommt hier noch ein besonderer Zufall in Betracht. Der Bauernhause, den durch Irrthum das traurige Loos bei Pfed- dersheim traf, bestand aus den speciellen Landsleuten des Erz- bischofs, aus Bewohnern des Rheingaues nämlich, in welchem Gau er geboren, in welchem seine Stammburg, seine Güter lagen, über welchen Gau sein Bruder Johann als Vicedom bestellt war c. Es war Richard gewiß zu Ohren gekommen, daß Rheingauer am

Tage vorher so zahlreich zusammengehauen worden, daß die Ab=
ziehenden Rheingauer waren, und in diese seine Landsleute sollte
er selbst eingehauen haben? dies müßte dem „ehrenfesten, tröstlichen
Herren" zehnmal schwer geworden sein! Rheingauer Abgeordnete
kamen nach Pfeddersheim, wurden dort eben nicht freundlich em=
pfangen und schrieben an die in Wallnf Versammelten zurück:

Unsern Gruß zuvor! Wir thun euch kund, daß wir in dem
Lager vor Pfeddersheim angekommen seind und so großen Jammer
und Noth gesehen, daß wir mit unserm Rollwagen über manchen
erwürgten Mann gefahren, als man sagt über 4000; — und falls
wir mit den Fürsten nicht übereinkommen, und vollkommen Ge=
walt haben werden, seind wir ewig verdorben. Denn man achtet
gar wenig in diesem Handel einen Menschen. Darumb wollet ihr
mit der ganzen Landschafft Fleiß ankehren, damit wir vollkommen
Gewalt erlangen können. Auch hat uns unser gnädigster Herr
eine Schrift vorgelesen von dem Landgrafen ausgegangen, welcher
mit 1500 Pferden kommt durch das Rheingau zu ziehen und zu
strafen rc. (Das „vollkommen Gewalt erlangen" wird wohl nur
„vollkommen Verzeihung" heißen können! Diese mußten sie indeß
theuer, mit 15,000 Goldgulden nämlich, erkaufen.) Sollten die
Schreiber des Briefes des Erzbischofs nicht erwähnt haben, wo sie
in dem Satze: „man achtet gar wenig" doch so hingeleitet worden,
die angebliche Niederstoßung von Bauern durch Richard selbst an=
zuführen? Sie erwähnten derselben nicht, obgleich sie vom höchsten
Interesse für die Wallnsser gewesen wäre, weil sie eben nicht ge=
schehen!

Zum Ueberfluß wollen wir eine Stelle aus Pfister's Geschichte
der Deutschen, Bd. IV. 82, anführen. Es heißt daselbst: „Die Kur=
fürsten von der Pfalz und von Trier befleckten ihre Namen, indem
sie 800 der Bauern, welche entfliehen wollten, ermorden ließen,
wobei der Kurfürst Richard einige mit eigener Hand niedergestochen
haben soll." Die Bauern zu ermorden ward nicht befohlen! an
Bauern, die unter militärischer Deckung stehen und entfliehen wollen,
begeht die Escorte keinen Mord. Die Kurfürsten ließen sie auch
keineswegs morden, ihr Bemühen, das Niederhauen zu verhindern,
war nur vergeblich, — und daß der Kurfürst von Trier sich daran
betheiligt habe, beruht auf einem „soll!" einem „fertur!" einem
„ut trahunt!" Zimmermann behandelt in seiner Geschichte des

großen Bauernkrieges (II. 520) die Affaire von oben herab! Daß
ein Irrthum die Schuld der Metzelei trug, gesteht er zu, sagt aber
dann, „der leichtsinnige Pfalzgraf habe Blut verschmeckt!" Wie
kommt er zu diesem schauderhaften Phantasie-Bilde? Den Erzbischof aber läßt er kurz „mit eigener Hand darein metzeln!"
Man sollte glauben, es handle sich von einem Gänseschlachten in
Pommern! Hat man doch selbst gefunden, daß die Kugel, welche
in Naustuhl den verletzenden Balken getroffen, aus dem Lager des
Kurfürsten gekommen!

Richard zog mit dem Pfalzgrafen weiter über Winzingen und
Mosbach, wo er einen Tag verweilte, dann über Minfeld und
Rechenbach, und betheiligte sich noch an der kurzen Belagerung
von Weißenburg, aus welcher er 2 reich und schön verzierte Geschütze, die der Pfalzgraf ihm geschenkt, mitnahm.

Scheint es doch, daß Richard durch diese und durch jene bei
der Eroberung der Ebernburg erhaltenen, reich verzierten Geschütze
eine Vorliebe für solche gewonnen habe. Denn bald darauf ließ
er die große Kanone, den „Vogel Greiff" in Frankfurt a. M.
gießen. Dieselbe war 300 Ctnr. schwer, 17 Fuß lang und schoß
mit einer Ladung von 80 Pfd. Pulver eine Kugel von 160 Pfd.
Zwischen der Mündung des Geschützes und dem Schildzapfen stand:
Simon. gos. mich. 1528. Unmittelbar unter dieser Aufschrift war
das Wappen Richard's als Erzbischofs von Trier. Zwischen dem
Schildzapfen und dem Zündloch stand:

> Der . Greif . heis . ich . Meinem
> gnaedigsten . Hern . von . Trier .
> dien . ich . wo . er . mich . heist .
> gewalden . da . will . ich . dorn .
> und . Mauren . zerspalten.

Die Franzosen, „bei denen kein Ding unmöglich, wenn es
darauf ankommt, fremdes Eigenthum in das ihrige zu verwandeln,"
lehrten den Greif schwimmen und brachten ihn nach Metz. Hier
ward er zwar 1815 reklamirt, aber vergessen und stand bis
1870 als Sieges-Trophäe dort. Im J. 1870 ward er nach Paris ins Arsenal gebracht und, obgleich monirt, nicht zurückgefordert.

Dann verabschiedete sich Richard und zog durch den Wasgau
gen Trier. Er nahm das erste Nachtlager in Thann u. s. f.

Richard war der letzte Kurfürst, welcher als Kriegs=
mann die Waffen getragen. Früherhin war man gezwungen,
die Erzbischöfe aus den mächtigen Familien des hohen Adels zu
nehmen, damit sie ihre Stellung selbständig behaupten konnten;
diese Nothwendigkeit hatte aber längst aufgehört: wie wir gesehen,
gebot der Kurfürst über eine stattliche Macht.

In Trier wurde Richard freudig aufgenommen; die Stadt
entsagte allen Forderungen, die sie früher gestellt hatte, und be=
stand nicht auf der bisheran verlangten Heranziehung der Geist=
lichkeit zu den bürgerlichen Lasten und Abgaben. (25. Febr. 1526.)

Die gute Aufnahme des Kurfürsten zu Trier ist um so mehr
hervorzuheben und erregt um so mehr unser Erstaunen, als während
der Zeit doch eine kleine Revolution daselbst stattgefunden. Frei=
tags nach Marei (25. April) hatten Bürgermeister, Scheffen und
Rath der Stadt sich noch freundlichst an den Kurfürsten gewandt,
und angefragt, was sie wohl thun sollten, wenn die Bauern sich
ihnen näherten? Der Kurfürst antwortete ihnen schon am Sonn=
tag nach Misericordias (4. Mai), sie sollten gute acht haben, wohin
etwa die Bauern das Haupt keren würden, und sollten sie gen
Trier kommen, sollten sie ihn nicht verlassen, keinen Aufruhr an=
fangen u. s. f., auf daß sie in Freundschaft und Einigkeit ver=
blieben. Trotzdem schickte die Stadt Donnerstag nach dem Sonn=
tage Jubilate (11. Mai) dem Kurfürsten einige Klagepunkte, so=
genannte „Artikel", deren Abänderung sie wünsche. Diese betrafen
Abgaben von Wein, Mühlengerechtigkeit, Gebrauch städtischer Hand=
werker und einige ähnliche Punkte mehr. Nachdem der Kurfürst
das Domkapitel darüber gehört, und dies die Ungerechtigkeit einiger
Forderungen nachgewiesen, ließ er demgemäß die Stadt bescheiden,
daß er die Angelegenheiten gehalten habe, wie es einem frommen
Kurfürsten zieme, und noch besser. Und so sollten auch in Zu=
kunft die alten Gesetze gelten, und der Dawiderhandelnde mit
Strafe belegt werden. Von größerer Bedeutung waren die For=
derungen der Städte Boppard und Wesel. Zur Bewältigung der
dortigen Unruhen hatte sich der Kurfürst, nachdem er die Städte
im März 1525 ersucht hatte, sich ruhig zu verhalten und sich zu
weiterem nicht verleiten zu lassen, selbst in die Orte begeben und
die Beschwerdepunkte entgegengenommen. Als er ihnen hierauf
zusagende Schreiben erlassen, — nur wegen ihrer Größe theilen

wir dieselben hier nicht mit, — beruhigten sich die Städte; den Kurfürsten aber ärgerte seine Nachgiebigkeit, und als er nach der Schlacht bei Pfeddersheim als Sieger dastand, erließ er an die Städte gleichlautende Schreiben, worin er jene bewilligende Schreiben zurückforderte und deren Zurückhaltung mit Strafe bedrohte. Diese Schreiben waren datirt „aus unserm Feldlager von Pfedders-heim, Montags nach Johannis Baptistae XXV." und finden sich, wie die gesammten Verhandlungen, in dem schon angeführten XII. Bande der Nassau'schen Annalen.

Dies Verfahren wird wohl Niemand für ehrenhaft erklären, Niemand es ohne Tadel mittheilen. Wenn auch zur Zeit größerer Bedrängniß die Zusagen gegeben wurden, so war diese im Trierischen wohl nicht so groß, als daß sie eine solche Perfidie rechtfertigen könnte. Die hohen Herrn nahmen es indeß mit solchen Zugeständ-nissen nicht so genau, und hier war die Zurücknahme derselben lediglich die Folge des Sieges bei Pfeddersheim. Es erlitten hier, wie wir gesehen, grade die Rheingauer eine ärgere Schlappe, während zur Zeit der erlassenen Schreiben sie ihre aufrührerischen Bewegungen begonnen und ihre Artikel gemeiner Landschaft wider Klöster, alle Geistlichen, Ritterschaft und ihren gnädigsten Herrn gemacht und aufgerichtet hatten. Diese standen aber nicht entfernt im Zusammenhang mit jenen viel ältern Wirren der Städte mit den Kurfürsten, wie Prof. Kraus vermuthet.

Auch in Limburg waren „Artikel" aufgestellt worden, in Folge dessen auch ein gegenseitiger Vertrag abgeschlossen ward, von dessen Zurücknahme nichts bekannt ist.

Richard scheint trotz der freudigen Begrüßung den Trierern kein großes Vertrauen geschenkt zu haben; denn er besuchte eine Ver-sammlung der Kur- und einiger anderen Fürsten zu Eßlingen im Decbr. 1526 und den Reichstag zu Regensburg vom 1. April 1527 nicht, schloß aber im October d. J. mit den 3 rheinischen Kur-fürsten ein Bündniß wider aufrührerische Unterthanen im Reiche, welches letztere wohl gleichbedeutend mit „in ihren Landen" sein dürfte.

Auf dem Reichstage zu Speier im J. 1529 war Richard wieder persönlich zugegen und bemühte sich hier in Verbindung mit dem Erzherzog Ferdinand besonders um Verhütung der drohenden Spaltung in der deutschen Kirche. Es wurde beschlossen, daß

einstweilen und bis zur Rückkehr des Kaisers ein Jeder in seinem
Lande nach seinem Gewissen handle! Da traten die lutherischen
Fürsten denn auch zusammen und sagten sich gegenseitige Hülfe
zu. Es gesellte sich zu ihnen der Hochmeister des deutschen Ordens,
Markgraf Albrecht von Brandenburg, der 1527 einfach den Orden
für aufgelöst und das deutsche Ordensland als erbliches Herzog=
thum Preußen für sein Eigen erklärte.

Der Dompropst Johann v. Metzenhausen und der Amtmann
von Malberg, Dietrich v. Stein, vertraten den Kurfürsten, der be=
reits anfing, die Kräfte zu verlieren und öfters Krankheits-Erschei=
nungen zeigte, bei dem Reichstage zu Augsburg im J. 1530 und
bei der Krönung Karl's V. zum römischen Kaiser in Rom am
24. Febr. desselben Jahres. Dagegen folgte Richard noch einer Ein=
ladung des Kaisers, am 24. December in Köln zu erscheinen, um sich
bei der Wahl eines römischen Königs zu betheiligen, und begab sich
zu Pferde dahin. Erst am 5. Januar 1531 wurde im Dom zu Köln
der Bruder des Kaisers, Erzherzog Ferdinand gewählt. Die Kur=
fürsten schlossen mit Ausnahme Sachsens ein Bündniß auf 10
Jahre zum Schutze dieser Wahl!

9. Richard's Tod.

Inzwischen war Richard von einem Leiden befallen worden,
das Niemand recht zu deuten wußte, so daß der Gedanke aufge=
taucht war, er sei durch ein Glas Wasser, welches man ihm in
Montabaur gereicht habe, vergiftet worden. Es kamen aber noch
hin und wieder Nachzügler von der großen Epidemie von
1529, die man den „Engelschweiß" (soll heißen: den englischen
Schweiß) nannte, vor: und wenn auch schon die lange Dauer der
Krankheit den Verdacht dieses Leidens bei Richard gänzlich von
der Hand wies, so muß doch etwas dahin gedeutet haben, als
könne es eine Modification der Epidemie sein. Da aber gar keine
Angaben über sein Leiden gemacht worden sind, schweben alle
Muthmaßungen über die Natur desselben in der Luft. Mit dem
Namen „englischen Schweiß" belegte man eine bösartige Epidemie,
die im J. 1485 zuerst in England beobachtet wurde und in den

J. 1506, 1517, 1520, 1528 und 1551 wiederkehrte. Sie raffte
eine große Zahl Menschen größtentheils in den ersten 24 Stunden ihres
Auftretens weg, begann mit großer Hitze, unauslöschlichem Durste,
Unruhe, Angst und ganz enormem Schwitzen, womit sich das Uebel
in 24 Stunden entschied. Mitunter tödtete die Krankheit in Zeit
von 3 Stunden! Erst 1528 kam die Krankheit auf das feste Land,
nach Holland, Deutschland und Polen. Die berühmte Synode, die
Luther und Zwingli in diesem Jahre zu Marburg hielten, zer-
schlug sich ihrethalben!

Richard hatte · zur Zeit Gebete und Bittgänge gegen diese
Krankheit verordnet; eine solche Verordnung lautete:

    Reichart, von gots genaden Erzbischoff zu Trier 2c.

Wirdiger und Ersamer, lieber Andächtiger. Nachdem Gott
der allmechtigh durch mannichfaltig der Menschen Sünde und Boß-
heit die grausame Straff einer unerhörten pflagen und toedtlichen
Krankheit, so izo in vielen Landen, Städten und Flecken ingerißen
und überhand genommen, damit die Leut innerhalb XXIIII stunden
yeling, erschrecklich und grausamlichen tobts erliegen, haben wir zu
ermilterung solcher göttlicher straff vor gut angesehen und bedacht,
das allen und iglichen unseres Stifts Priestern und Regenten und
durch sie unsern Unterthanen allenthalben gepotten werde, drei tag
nach einander, so ihnen auf's fürderlichst gelegen wäre, gemeine
Bittgänge zu thun, dieselbigen 3 Tag zu fasten und ein Jeglicher
sich zu schicken, den 4. Tag darnach das h. Sakrament aufs an-
dechtigste ihnen möglich zu entpfahen! Daß auch das Volk zu obgemelten Bittgängen ermahnt werde, Gott dem Allmächtigen vor
Einigkeit des Glaubens, widerstand dem feinde unseres h. glaubens,
natürlich zeitlich Wetter und andere Sachen nothdurstigliche zu
bitten, und darmit solches · desto füglicher zugehn moege, alle Ex-
communicirten ad quindenam zu relaxiren. So befehlen wir auch
demnach mit Ernst und Willen, daß ihr solche Bittfahrten und
anderes, wie oben erlautet, in unserm nidderen Officialat zum
fürderlichsten zu geschehen, anstellen und den Pastoribus und Curaten
von unsern wegen ernstlich gebieten wollen, und in sunderheit
wolles du, unser Official, alle und jede Excommunicationes desselben
unseres niddern Officialats ad quindenam relaxiren, also daß
solch Relaxation vor Anstellung oder Haltung obgenannter Bitt-

4

gänge verkündet werden möge. Und des nit laßen. Datum Paltzel Donnerstag auf Exaltationis Crucis anno XXIX. (16. Septbr.)

Unterm 4. Aug. 1529 hatte der Erzbischof in ähnlicher Weise Bittgänge angeordnet vor unzeitig und böse Witterung 2c.

Kurfürst und Erzbischof Richard von Greiffenclau starb auf dem, von Erzbischof Otto erbauten Schloße Ottenstein zu Wittlich, den 13. März 1531 im Alter von 64 Jahren!

Man hielt den Tod des Erzbischofs einige Tage geheim. Erst am Abend des 16. März brachte man die Leiche in die Pfarrkirche, wo die Vigilien und am andern Morgen Messen gelesen wurden. Darauf fuhren Bürger der Stadt Wittlich die Leiche unter Begleitung einer Anzahl Berittener und von Mitgliedern der Familie nach Pfalzel. Hier wurde sie vom Dechanten und den Canonikern des Collegiums der h. Jungfrau, so wie von den Geistlichen der Pfarrkirche von St. Martin auf das Ehrfurchtsvollste empfangen, und unter dem Geläute aller Glocken feierlichst in der Stiftskirche niedergesetzt. Am andern Morgen begannen wiederum kirchliche Feierlichkeiten und dauerten während des ganzen Tages. Nachdem aber am 3. Tage schon um 4 Uhr des Morgens von dem Dechanten eine stille Messe gelesen worden war, wurde die Leiche auf ein Schiff gebracht. Als dies in Trier angekommen, geleitete der gesammte Clerus der Stifter und Klöster mit dem Weihbischof an der Spitze die Leiche in einem feierlichen Zuge nach der Domkirche. Den Zug eröffneten Mitglieder der Familie zu Pferde; es folgten die Karmeliter, die Augustiner, die Franziskaner, die Dominikaner; dann die Stifts- kirchen St. Martin, St. Marien zu den Märtyrern, St. Matthias, St. Maximin und die Collegiat-Kirchen St. Simeon und St. Paulin; dann die Geistlichen vom hohen Dome, die Aebte aus Trier und die von Mettlach und Himmerode; endlich der Weih- bischof mit seinen Assistenten, welche um die von 6 Edelherren ge- tragene Leiche Lichter trugen. Hinter der Leiche gingen die hohen Herren, die Grafen und Edeln, die Verwandten, die Räthe u. s. f. Nachdem die Leiche in der Mitte der Kirche niedergesetzt war, be- gannen die Vigilien jeder Collegiat-Kirche oder jedes Klosters für sich. Es folgten die Messen, wovon die erste von dem Weihbischof Johannes Enenius, Bischof von Azot i. p., gelesen wurde. Während des Gesanges gingen die Aebte und Prälaten, die Anverwandten, die hohen Herren 2c. zum Opfer und dann an den Platz, an welchem die Leiche beigesetzt werden sollte. Nachdem hier der Bischof eine längere Rede gehalten, ward die Leiche beigesetzt und das erzbischöfliche Siegel, womit die Gruft verschlossen worden war, zerbrochen. Zum Schluß sangen die Mönche von St. Maximin Bußpsalmen.

Zur Vesper erschien um 3 Uhr der neugewählte Erzbischof mit den Botschaftern des Kurfürsten von Mainz, dem Abte von Eberbach, und des von Köln, Augustin von Braunsberg, und dem Gesandten des Pfalzgrafen, Johann von Schonenburg u. s. f. Es folgte der Weihbischof mit der Geistlichkeit; die Grafen v. Virnenburg, v. Manderscheid, v. Leiningen; die Herrn v. Isenburg, v. Rheineck, v. Kriechingen, Bayer v. Boppard; die Ritter v. Helfenstein, v. Esch, v. Eltz, v. Metzenhausen, v. Boos, v. Hagen, v. Kellenbach, v. Rollingen, v. Brambach, v. Hunolstein, v. Breidbach, Haust v. Ulmen, v. Wiltberg, v. Schmidtburg, Mohr v. Walde, Bruyn v. Arscheit, Dietr. v. Monreal, v. Dune, v. Enschringen, v. Geißbüsch, v. Kerpen, v. Elten, v. Lare, v. Sötern, v. Brubach, v. Kettig, v. Broel, v. Blankart, v. d. Leyen u. A. m.

Von dem Hofgesinde kamen zuerst die Räthe: Johann von Nassau, Hofmeister, Georg v. d. Leyen, Marschalk, Johann v. Arscheit, Dechant zu St. Castor in Coblenz. Dr. Johann v. Enschringen, Dietrich v. Stein, Joh. v. Sirk, Dechant zu Pfalzel, Dr. Joh. Lump, Dr. Joh. Eschbach, Georg v. Eltz, Veltin v. Ittenbach, Haushofmeister, Christoph v. Eltz, Georg v. Rickendich, Philipp v. Warsberg, Pet. v. Witzelnbach, Gerhard v. Palland, Mannt Hoene v. Hartenfels, Kraft v. Altendorf, Balth. v. Staffel, Georg v. Ratzeburg, Max v. Brempt, Joh. v. Nassau zu Reinhartstein, v. Walde ꝛc.

Im Dom stellten sich rechts der Erzbischof, die Botschafter, der Weihbischof und die Aebte, links die Domherren auf. Auf dem Evangelien-Lettner standen die Grafen und Herrn, auf dem andern die Räthe. Die Verwandten des Verstorbenen haben die ihnen angewiesenen Plätze nicht eingenommen, quia noluerunt.

Die Vesper ist ganz langsam mit Andacht zierlich und ehrlich gesungen und vollbracht worden. Der Katafalk in der Kirche war mit schwarzem Tuch schwer behangen; es standen an die 300 größere und kleinere Wachskerzen um denselben, daneben standen denn auch 6 arme Männer in schwarzen Mänteln, deren jeder 2 Kerzen trug, an welchen die Wappen des Erzstiftes und des Ver storbenen verkehrt hingen; eben diese Wappen hingen gleichfalls verkehrt an dem Katafalk und dem Kreuz auf demselben, was erbarmlich und beweglich anzusehen.

Im Palaste haben an diesem Tage bei dem Neuerwählten zu Nacht gegessen die oben genannten Botschafter, Constanz ausgenommen, Grafen, Herren und Ritterschaft. Die Prälaten und Aebte sollten auch erscheinen, sie waren geladen, kamen aber nicht. (Der vom Bischof von Constanz gesandte Botschafter war Dr. Johann Recke.)

Dienstag, den 23. Mai wurden die Exequien gehalten; schon um 6 Uhr hielt der Abt von Echternach die Missa de tempore, de ascensione Dominica, in 3 Collecten. Zwischen 7 und 8 Uhr ist der Neuerwählte mit den hohen Herren in den Dom gekommen; da ward die 2. Messe von dem Abte von Prüm ganz prächtig und ceremoniös gehalten mit Orgel und Gesang-Begleitung.

Gleich nach Beendigung dieser Messe wurde die Missa requiem von dem Weihbischofe gesungen. Nach dem Evangelio hat ein Prediger aus dem Dominikaner-Orden einen Sermon gethan. Darauf ging man zum Opfer; zuerst kamen Georg v. Eich, Gerhard v. Pallant, Craft v. Albendorf, Georg v. Ratzeburg, Georg v. Nickendich, der dem Erwählten die Kerze von 3 Pfd., in welcher ein Goldgulden steckte, trug. Dann folgten die Botschafter und Aebte paarweise, jeder mit einer 1pfündigen Kerze, die ihnen der v. Warsberg reichte; ferner die Herrn von Dom mit gleich schweren Kerzen, die ihnen Christ. v. Elz gab. Es folgten die Grafen und Herren, die Hofräthe, die Ritterschaft, dann ein ehrsamer und weiser Rath. Alle zogen sie am Grabe vorbei in den Palast und setzten sich dort zum Essen.

An dem 1. Tisch saß der Erwählte mit den Botschaftern; Vorschneider war Georg v. Nickendich, Weinträger der v. Ratzeburg; hinter dem Erwählten standen N. von Schmidtburg und ein v. Warsberg.

An dem 2. Tische saßen der Weihbischof, mehrere Aebte, der Domdechant, Graf Dietrich v. Manderscheid und Gerlach v. Isenburg. Am 3. Tisch hatten ihren Platz der 1. Diacon, mehrere Aebte u. s. f. An dem letzten Tisch saßen hier der gesammte Rath, Schultheiß u. s. f.

An diesen Tischen wurde aufgetragen: Vorgebrats mit Rosinen,

Grünkraut mit Tauben, Pastete, Kappaune, Grünfleisch, Grüner Salm, Gänsebraten, Forellen, Ochsen-Zunge, Kalte Pastete 2c.

Auf dem Saale haben gewartet und fleißig aufgesehn, damit kein Mangel eintrete, auch Weins und Brods genug sei und Alles ordentlich zugehe, Thomas v. d. Leyen und Heinrich Waldecker.

In den weitern Stuben standen 12, in den folgenden 11 Tische. Ein v. Wißelnbach war hier Aufseher, fleißig umsehend, daß alles ehrlich und rechtschaffen zugehe. Es folgten 8 Tische mit Geistlichen 2c. und in dem untersten langen und großen Saale standen etwa 50 Tische mit den Dorf-Priestern, den Meyern 2c. Die Kanßlei hat gehabt 2 Tische, daran gesessen Peter Mayer von Regensburg — der Rathschreiber von Coblenz und Verfasser des gegenwärtigen Berichtes — Nicolaus Carbecher von Wesel, Joh. Castner von Coblenz 2c.

Die Summe aller Tische war 113. Es sind verzehrt worden 16 Stück Ochsen, 53 Kälber, 13 Rehe, 57 Hasen, 56 Hühner u. s. f.

An dem Tage haben im Dome und der Liebfrauen-Kirche an die 300 Priester die Messe gelesen und ein Jeder hat auf des Erzbischofs Grabe ein De profundis gesprochen. Dafür erhielt ein Jeder 4 albos rotatos und hat im Palast zu Morgen gegessen.

Zum Nachtmahl haben im Palast gegessen die Prälaten von Prüm, Echternach u. a. Grafen und Herren an 30 Tischen.

Auf den Mittwoch nach Exandi, 23. Mai, hat man die Siebent gehalten. Den Tag haben an 250 Priester Messe gethan, wofür ein Jeder zum Präsent erhielt 4 albos rotatos.

Desselben Mittwochs hat man bei St. Martins-Kloster den Armen Spenden gegeben: ein Jeder erhielt ein Brob und 1 Pfd. Fleisch, und der sind gewesen über VI. M. (6 tausend ?)

An dem Tage sind die Botschafter und viele Grafen und Ritter wieder von Trier abgeritten. Am Freitag Morgen, den 26. Mai ist auch unser gnädiger Herr nach Palzel abgeritten.

Das Grab Richard's befindet sich im linken Seitenschiff des Domes, rechts am 2. Pfeiler. Seine Gruft deckt ein Stein, der die Worte trägt:

Richardus
ex familia Greifenclau a Volratz
archiepiscopus Trevirensis vita functus
XIII. Martii subtus quiescit. MDXXXI.

An der nämlichen Säule ist Richard ein anderes Denkmal errichtet worden, wozu sein treuer Rath Bartholomeus Latomus folgende Inschrift machte:

Aspice Richardi monumentum praesulis hospes.

Ilic gelida cuius membra quiete cubant,

Quem merito Trevir sublatum flevit, et alto

Vindicis ingemuit pectore fata sui.

Ille sed insanos motus, terrasque reliuquens

Induit aethereos, quas tenet auctus opes.

Lustra novem, totidem biennia duxit: at illi

Tredecimo clausit Martius orbe diem. —

„Siehe, Fremdling, das Denkmal des Fürstbischofs Richard, dessen Gebeine hier in kalter Ruhe liegen, über dessen Tod mit Recht die Trierer weinten, und über das Geschick ihres Befreiers seufzten; allein er verließ die unheilvollen Wirren hienieden und ging ein in die aetherischen Regionen, von denen er Besitz genommen nach 9 Lustern und ebenso viel Doppeljahren."

Die Geschichte hat mit Recht über Richard ein günstiges Urtheil gesprochen. Er war ein tüchtiger Mann im wahren Sinne des Wortes, arbeitete gern und selbst, war weder ein Geizhals noch ein Verschwender, er liebte die Ordnung, war tugendhaft, klug und ritterlich. Ein Schriftsteller der neuern Zeit begründete Richard's Lob durch lauter Negationen: er war kein Säufer, er war kein Fresser, er war kein Verschwender, kein Prasser, er war kein Geizhals, kein Hungerleider ꝛc. Ein anderer sagte sehr wahr von ihm, „seine harte, übrigens staatsmännisch, wie kriegerisch tüchtige Natur war für die reformatorischen Ideen ohne Empfänglichkeit." Strauß, Ulrich v. Hutten, Lpzg. 1871. p. 470.

Ja, nehmen wir alle guten Eigenschaften, welche ihm von den einzelnen Schriftstellern gegeben werden, zusammen, so fände sich zuletzt ein wahres Ideal! Latomus hat eine Declamatio funebris in obitum optimi ac magnanimi Principis Richardi etc. Colon. apud Joan. Gymnicum. 1531. 16. geschrieben, die nicht in dem „heroischen" Stil seines Sickingen'schen Krieges abgefaßt, mit Behagen gelesen wird, nur leider zu groß ist, um mitgetheilt werden zu können. Darin heißt es hinsichtlich seines Privatlebens, wovon wir noch so wenig gesagt: „Nam quid de victu et continentia ejus singulari, quid de fide et charitate in suos, erga omnes

facilitate, de moderatione animi, de equitate et insticia, dicto-
rum factorumque constantia hic plura commemorem? Illud
potius repetendum mihi et omni contentione frequentandum
esse arbitror: hanc sedem implicitam fuisse ingentibus diffi-
cultatibus nisi hunc vindicem aliquando nacta fuisset: dilapsam
inopia et rerum dissipatarum alienatione, nisi ille prefuisset
aliquando, qui magnis et exquesitis rationibus, labore, parsi-
monia, frugalitate, rerum administrandarum scientia et dexte-
ritate ad necessarias opes et rerum tuendarum facultates re-
vocasset etc. Nihil unquam, quod ad victum liberalem, quod
ad copiam rei familiaris, ad cultum ministeriorum, ad princi-
palis nominis splendorem et dignitatem pertineret, desideratum
est in hac aula; nihil maligne praebitum in usus honestos ac
necessarios, nihil sordide atque illiberaliter dispensatum etc.“
So sagt auch Georg Sabinus in seiner Electio et coronatio
Caroli V. in Schardii libro citato II. p. 9: „Richardus pollebat
ingenio, doctrina et usu rerum; fuit in judiciis et negotiis diu
versatus, et in Germania propter domesticam administrationem
et dexteritatem in publicis negotiis, vel Imperii, vel aliorum
principum magnam prudentiae laudem erat consecutus.“

Endlich gebührt hier noch dem Schreiben des Papstes Clemens VII. eine hervorragende Stelle. Es beginnt: Quantum pro-
fecerit in tantis Germaniae motibus illustrissimae fraternitatis
virtus et prudentia, ad impiorum hominum tumultus sedandos,
aut etiam armis vindicandos, est nobis plane cognitum: nihil-
que novum de virtute et religione tua intelleximus. Sumus
enim jam diu in ea opinione, ut in te judicemus vigere exem-
plum et pietatis erga Deum et integritatis eximiae etc. Die
Fortsetzung sehe man ihrer Ausdehnung wegen in Brower's An-
nal. II. p. 350; sie ist des Lobes voll.

Das Volk beklagte seinen Tod sehr; die Geistlichkeit, die er
mit hohen Steuern belegt hatte, war ihm dieserhalb nicht so freundlich gesinnt: hätte sie doch lieber gesehen, daß er, statt alte Schulden
zu decken, neue dem Kurfürstenthum aufgebürdet und sie und ihre
Klöster geschont hätte. Was ihn beim Volke noch sehr beliebt
machte, war die leichte Zugänglichkeit, mit der er einen Jeden zu
sich ließ, und die offene Art, in welcher er mit seinen Untergebenen
verkehrte. Daß er auch Scherz liebte, geht daraus hervor, daß

er in früherer Zeit die Gelder bewilligte, um im Burgfrieden zu Cochem einen neuen Bau zu errichten zur Abhaltung von Gesellschaften und Gelagen! Die Trauer um seinen Tod erstreckte sich über die Grenzen des Kurfürstenthums.

Was das Aeußere des Kurfürsten betrifft, so befindet sich auf Schloß Vollraths ein Bild desselben in Lebensgröße, von denen eine Copie zu nehmen gütigst gestattet wurde. Die erste, von G. Zick gefertigte Copie befindet sich im Königl. Schlosse zu Coblenz; der sogenannte Kurfürstensaal enthält die Porträts der Kurfürsten, von denen sich irgendwie Bildnisse vorfanden, und beginnt deren Reihe mit Richard. Derselbe zeigt starke Züge, namentlich in Beziehung auf seine Nase, welche um so mehr hervortritt, als gar kein Bart vorhanden. Auf dem Kopfe trägt er ein Barett, wie es die Maler, nicht aber die Geistlichen trugen, um den Hals eine weiße Krause. Sein Körperbau war gedrungen.

Als Münzen von Richard finden sich in den Sammlungen 3 verschiedene Goldgulden, wovon 1. die Wappen von Trier, Greiffenclau, Jppelbrunn und Trier tragen, 2. und 3. jene von Trier und Greiffenclau und in den Ecken jene von Mainz, Köln und Baiern.

10 verschiedene Weißpfennige aus den Jahren 1512, 1515, 1516, 1517, 1518, 1530, 1503 statt 1530.

13 verschiedene halbe Weißpfennige (Schillinge) 1511, 1512, 1514, 1516, 1517, 1518.

1 Viertel Weißpfennig (Dreiling) 1517. (?)

3 Achtel Weißpfennige (Hohlpfennige).

Schließlich 2 Medaillen von 1522 und 1523, welche die ersten sind, welche in Trier geprägt wurden. 1. Brustbild des Erzbischofs von links, das Haupt mit einer Haube bedeckt, auf der Rückseite die Wappen von Trier und Greiffenclau.

2. Das Brustbild wie bei 1, auf der Rückseite die Wappen von Trier, Greiffenclau, Jppelbrunn und Trier.

Abbildungen einzelner Münzen finden sich bei J. J. Bohl, Abbildungen der Trierschen Münzen, Hannover 1837. 8.

Die verschiedenen Arten, wie Richard zu unterschreiben pflegte, ersieht man aus der beigefügten Tafel.

Immortale feres super aurea sidera nomen!